Le goût de l'autre

Elena Lasida

Le goût de l'autre

La crise, une chance pour réinventer le lien

Albin Michel

INTRODUCTION

Habiter l'économie

Ce livre est l'histoire d'une rencontre et d'un combat. Rencontre avec l'économie, cette dimension de la vie humaine que l'on associe d'habitude aux biens et à l'argent, mais trop rarement à un lieu de rencontre. Or, en l'approchant d'abord comme objet d'étude, je me suis aperçue qu'elle pouvait devenir une expérience de vie. Je l'ai vue sacralisée comme la plus grande divinité et diabolisée comme la pire des perversions. Associée aux plus grandes des vertus et aux derniers des vices. Représentée comme vérité ultime et comme tromperie légitime. Réservée au monde des experts et utilisée comme référence incontournable du café du commerce. Incompréhensible et imposante. Condition de bien-être et terrain de guerre. Toutes ces contradictions traversent l'univers de l'économie, suscitant les passions les plus extrêmes autant pour la suivre que pour la répudier. Ce livre voudrait raconter l'économie autrement.

Si mon récit est tissé de passion, ce n'est pas celle de la défense ou de l'accusation mais celle qui naît de la rencontre. J'ai rencontré l'économie et nous avons marché ensemble. Elle m'a permis de voir et de dire la vie d'une manière particulière. Ce livre essaye de mettre des mots sur cette découverte progressive et toujours ouverte. Je voudrais déplacer le regard qu'on porte sur l'économie, et permettre à chacun de la voir aussi comme un lieu de vie, un lieu où se construit la vie, un lieu qui appelle à la vie. Et pas seulement la vie matérielle mais la vie existentielle. Pas seulement la vie physique mais la vie qui donne envie de vivre. Acheter du pain, c'est un acte économique, pas seulement parce qu'il permet de satisfaire le besoin physique de nourriture, mais plus fondamentalement, parce que derrière cet acte banal et quotidien il y a toute une manière d'organiser la société (qui a produit le pain ? dans quelles conditions de travail ? avec du blé local ou importé ? bio ou pas ?) et de penser le lien social (l'acheter chez le boulanger avec qui on échange des nouvelles du quartier ou tout simplement quelques mots et un regard n'a pas le même impact que de le prendre dans un rayon du supermarché). Ce livre est une invitation à habiter l'économie.

L'histoire ici racontée commence à la frontière et culmine dans ce que j'appellerai l'événement. Deux mots rarement associés à l'économie, que l'on situe plutôt au centre que dans les marges, qui paraît privilégier en général la continuité et la prévision plutôt que la discontinuité et l'inattendu. J'ai découvert, au contraire, que le meilleur de l'économie se révèle dès qu'elle accepte de quitter ses certitudes et ses régularités. C'est à travers les frontières et en accueillant le radicalement nouveau que l'économie devient lieu de rencontre et suscite de la passion pour la vie. De la frontière à l'événement, les images classiques de l'économie se déconstruisent à travers le chemin ici parcouru.

Plutôt qu'un moyen de satisfaire des besoins, l'économie apparaît comme un lieu où se construit la société. Plutôt qu'un système pour réguler la circulation des biens, elle devient un facteur de médiation sociale. Plutôt qu'une source de richesse monétaire, elle se révèle être une source de richesse relationnelle. Évidemment, elle est concernée par les besoins, les biens et la monnaie, mais sa finalité première est au-delà. Elle sert avant tout à penser le vivre-ensemble. Elle révèle et suscite le « goût de l'autre ». Et certaines problématiques très contemporaines comme le développement durable et l'économie solidaire nous font dire que, pour retrouver cette finalité première de l'économie, « aujourd'hui, c'est le moment opportun ».

Il s'agit bien d'un déplacement d'image et non de valeur. C'est la représentation de l'économie qu'il s'agit de revisiter. Et la nouvelle image qui émerge alors n'est pas bonne ou mauvaise en soi. Ce n'est pas un procès à l'économie que nous faisons ici. Il ne s'agit pas non plus de la moraliser. Il s'agit plus simplement de mettre l'économie en résonance avec la vie. Elle pourra ensuite être mise au service soit du bien, soit du mal. Mais pour savoir ce qu'on pourra en faire, il faut commencer par la déplacer dans notre imaginaire. Associée au vivre-ensemble, l'économie devient ainsi un lieu d'alliance et pas seulement de contrat, un lieu de confiance et pas seulement de stratégie, un lieu d'utopie et pas seulement de technique.

Dans les dix chapitres qui suivent, quatre références viennent rythmer cette déconstruction. Comme l'économie est avant tout une question de vie, je partirai toujours d'*une expérience personnelle*, où apparaîtra en général *un paradoxe*, que je rapprocherai d'*une pratique économique* et mettrai en résonance avec *un récit biblique*. Chaque chapitre est structuré par ces quatre références.

L'évocation d'*expériences personnelles* est chaque fois un moment de célébration. Célébration de la vie de ces « autres » qui ont croisé mon chemin et qui, parfois, même de manière anonyme, m'ont donné envie de vivre. Célébration de la vie arrachée à la mort, de la vie souvent imperceptible mais combien précieuse, qui jaillit là où l'on ne l'attendait pas. Célébration d'une histoire et d'un temps qui ne m'appartiennent pas, mais qui me façonnent.

Chaque *paradoxe*, chaque contradiction est la trace d'un combat. Un combat qui n'est jamais fini. Un combat à vie. Ce sont comme les cicatrices du chemin parcouru jusqu'ici. Oui, il s'agit bien d'une cicatrice car, derrière chaque paradoxe, il y a une blessure. Mais ce sont ces blessures qui, comme celle infligée à Jacob après le combat avec l'ange, nous donnent un nom nouveau. Après chaque blessure, on devient, d'une certaine manière, quelqu'un d'autre. Notre histoire personnelle peut être racontée à travers tous ces combats qui nous ont laissé des marques indélébiles, qui nous ont handicapés à vie, mais qui nous ont permis de vivre chaque fois une nouvelle naissance.

Chaque *résonance biblique* est un moment de déplacement. Un moment où l'on ose sortir de l'histoire quotidienne, comme si l'on pouvait quitter un train en marche et l'observer passer de l'extérieur. Un moment où l'on sent que tout ce qui nous habite – nos orages et nos printemps, nos abîmes et nos sommets, nos impasses et nos élans – s'inscrit sur quelque chose de plus grand que nous, qui nous dépasse et nous entoure, qui est en dehors de nous et au-dedans. Moment précieux de prise de distance, de décharge et de reprise, de non-sens et de sens. Moment où l'on se sent à la fois délié, libéré, déchaîné, et relié, faisant partie de quelque chose de bien plus grand que nous-même. Moment de transcendance.

Et tout cela – l'expérience, le paradoxe et le récit biblique – est relié par ce qui est mon jardin et mon usine, c'est-à-dire *l'économie*. Mon usine, mon travail de tous les jours, mon métier, ma fenêtre sur le monde. Et mon jardin, lieu de détente et de miracle, mélange de couleurs et de parfums, à la fois mirage et oasis. Je voudrais tout simplement partager avec vous l'expérience de cette usine et de ce jardin qu'est l'économie. L'économie, méprisée par les uns et adorée par les autres, nous révèle, peut-être plus que n'importe quel autre domaine de la vie humaine, toutes ses misères et ses merveilles. Elle nous révèle l'humain dans son combat pour la vie. Et c'est ce qui me passionne dans l'économie. Ce livre ne prétend pas à autre chose qu'à donner envie de vivre.

CHAPITRE PREMIER

L'économie, une expérience de vie

Je commence ce récit sur l'économie en parlant de la vie. Oui, de la vie comme expérience singulière qui touche le quotidien de chaque personne, et de la vie comme souffle vital qui donne du sens au chemin de chacun. Ces deux dimensions se rejoignent dans l'économie. Je voudrais surtout montrer que l'économie concerne la vie dans ce qu'elle a de plus matériel mais aussi de plus existentiel. Il faut partir de la vie car c'est en son sein, à travers ses trous noirs et ses pleines lunes, ses déchirures et ses caresses, ses chutes et ses envolées que l'économie prend corps et âme. Je voudrais montrer ici que l'économie concerne le sens de la vie et pas seulement la satisfaction de ses besoins.

La vie à travers les frontières qui nous habitent

En nous existent des frontières, celles qui séparent nos différents lieux d'appartenance : famille, amis, institutions, pays, quartiers, villes... Des frontières qui renvoient à des géographies et des histoires différentes, à des visages et des espaces divers, à des couleurs et des odeurs variées. Nous nous construisons à travers ces frontières. Et même si elles appartiennent au passé, nous sommes leur traversée quotidienne. Car chacun des lieux auxquels nous avons appartenu dit une partie de ce que nous sommes aujourd'hui. Consciemment ou inconsciemment, ces lieux nous habitent, à vie. Parfois ils se juxtaposent, comme des feuilles qui s'empilent les unes sur les autres ; parfois ils s'enchaînent et chaque maillon apparaît comme la suite logique du précédent, tantôt en harmonie totale, tantôt en tension dangereuse. La frontière qui les sépare bouge en permanence, et même si parfois elle devient invisible, comme si une appartenance était complètement assimilée et gommée par une autre, au moment le moins attendu elle refait surface, pour faire valoir son identité propre et nous rappeler que rien de ce que nous avons vécu n'est perdu. La frontière va et vient, comme les marées qui couvrent et découvrent en permanence nos profondeurs, qui les transforment mais sans jamais les effacer. Nous sommes ce fond de mer caressé à l'infini par le va-et-vient de nos marées. Nous sommes la traversée permanente des frontières entre nos appartenances multiples.

Mon regard sur l'économie est marqué par ces traversées quotidiennes et par le regard des autres, ces autres qui ont habité les lieux qui m'ont façonnée. En les évoquant, je rends hommage à tous ces hommes et femmes qui ont orienté et coloré mon regard. Je suis en partie ce qu'ils m'ont donné à vivre, je suis leur courage et leur faiblesse, leur capacité d'accueil et de refus, leurs désirs et leurs peurs.

Je suis traversée par la frontière entre le Sud et le Nord. Je suis originaire d'un pays dit « du Sud » : Sud géographique et Sud économique. Je viens de l'Uruguay, petit pays d'Amérique latine. Un pays qui m'a justement appris l'expérience de la « frontière » car il est, par essence, un « pays frontière ». Frontière entre l'Argentine et le Brésil : lieu de tension et de médiation entre deux géants. Frontière entre la mer et la terre : enfermé entre deux des plus grands pays du continent et grand ouvert sur l'océan Atlantique. Frontière entre l'Amérique latine et l'Europe : habité par des Indiens qui ont été exterminés, et repeuplé par des Européens qui sont arrivés en quête d'une terre meilleure. Frontière entre mort et vie : la mort de toute une population (les Amérindiens d'Uruguay, appelés Charruas) et la renaissance d'une autre (les Européens qui ont immigré au début du siècle dernier). Frontière entre le meilleur et le pire : pays connu à l'époque comme la « Suisse de l'Amérique latine », deux fois champion du monde de football, et ravagé par plusieurs crises politiques et économiques. Frontière entre des régimes politiques opposés : du modèle démocratique à la dictature, en passant par la guérilla urbaine. Nous avons du mal à décrire notre identité uruguayenne, entre deux autres identités très clairement définies, celle des Porteños, les habitants de Buenos Aires, la capitale de l'Argentine, et celle des Brésiliens. L'image de la frontière comme signe de l'identité uruguayenne m'est venue en France, loin de ma terre d'origine. Et je crois qu'elle dit beaucoup de ce que nous sommes, de ce que je suis. La frontière est par définition un entre-deux : elle est identifiée aux deux extrêmes qu'elle relie, sans se confondre totalement ni avec l'un ni avec l'autre. On pourrait dire que c'est un lieu sans identité propre. Pourtant, je crois que son identité est marquée justement par l'entre-deux : lieu de séparation et de passage, lieu de démarcation et de communication, lieu de fermeture et d'ouverture. Son identité se joue dans l'équilibre permanent entre ces contraires. Son identité n'est pas définie par un trait précis, par un acquis, par une manière d'être ou de faire, mais plutôt par une traversée.

Et je pense aujourd'hui que c'est l'Uruguay qui m'a donné cette passion pour la frontière, cette attirance pour l'horizon, cette méfiance à l'égard de tout ce qui est trop uniforme. La frontière, c'est une manière de regarder le monde et les autres : à la fois de l'intérieur et de l'extérieur, à la fois comme le même et comme le différent, à la fois comme richesse et comme menace. La frontière est toujours une expérience de « marge ». Ce qui est à la marge ne fait pas nombre, mais, sur la marge, on écrit souvent l'essentiel. La marge préserve le centre, le délimite et en même temps le fait bouger. La frontière est une « limite » avec toute l'ambivalence qui la caractérise : barrage et ouverture au radicalement nouveau. Et je crois que c'est sans doute cette expérience existentielle de la frontière qui m'a donné un regard particulier sur l'économie : ce furent ses limites, ses trous noirs qui m'ont intéressée, plus que ses équilibres.

J'ai évoqué le Sud qui m'habite et qui m'a appris la frontière. J'évoque maintenant le Nord, ou plutôt « les » Nords qui m'ont accueillie et d'une certaine manière adoptée. Il y a en premier l'Italie, pays qui m'a donné une deuxième nationalité sans que j'y aie jamais vécu. Ce fut grâce à mon grand-père qui faisait partie de ces immigrés qui ont repeuplé le pays, il y a plus d'un siècle. Ils ont quitté leur terre pour aller vers une autre terre, inconnue, et qu'ils espéraient meilleure. Ils ont entrepris un voyage aller, sans retour. Ils ont quitté leurs maisons enclavées dans les rochers de la montagne, et débarqué dans la plaine à perte de vue ; ils ont quitté les oliviers et les châtaigniers pour découvrir les saules et les pins ; ils ont quitté la fraîcheur des hauteurs pour s'habituer au vent salé de la mer. Ils n'ont jamais retrouvé ce qu'ils ont quitté, ils ont découvert autre chose. Cette terre quittée est devenue le « manque fondateur » de notre existence. Et ce manque est devenu pour moi une expérience fondatrice de l'humain. Cette terre quittée, toujours présente par son absence, m'a appris qu'il faut toujours risquer une perte pour aller plus loin. Elle m'a appris l'importance de ce manque jamais comblé pour se mettre en marche. Elle m'a appris que la « terre promise » est cette terre qui est toujours devant nous, toujours plus loin, toujours à atteindre, toujours à construire.

Si l'Uruguay a inscrit en moi la frontière, l'Italie m'a révélé l'importance du manque. Et par rapport à l'économie, cela a encore renforcé mon intérêt pour ce qu'elle ouvre et met en mouvement plutôt que pour ses certitudes et ses complétudes.

Enfin, il y a un autre Nord qui m'a accueillie, plus tard, et plus directement : c'est la France. J'y vis depuis plusieurs années, toujours de passage, mais le séjour s'est prolongé plus longtemps que prévu, et le passage est devenu également appartenance. La France m'a appris l'« étrangeté ». J'y suis devenue une étrangère à part entière : en France, je le serai toujours car je n'ai pas son passé ; en Uruguay, je suis devenue étrangère, car je n'ai plus son présent. L'étranger, celui qui vient « d'ailleurs », est par nature perçu comme différent. Or cela peut à la fois être source d'exclusion et de libération. La différence crée une distance qui peut à la fois mettre à l'écart et permettre de dire et de se dire d'une manière autre. On se sent plus libre face à cet autre venu d'ailleurs car on est d'emblée hors du moule social commun et, de ce fait, on est plus directement renvoyé à l'essentiel de soi-même et de l'autre. La confrontation avec la différence permet de connaître et de se reconnaître d'une manière nouvelle. En France j'ai fait cette expérience de l'étrangeté qui renvoie au plus profond de soi-même et qui libère souvent un espace de rencontre existentielle, sans a priori ni représentations préconçues, quand bien même ces rencontres sont très brèves et ponctuelles. J'y ai découvert une nouvelle expérience de la fidélité : l'intensité de ce qui a été partagé marque pour toujours, même si la relation ne se poursuit pas. Rester fidèle à ces instants de confiance et de liberté totales, où l'on se sent toucher le plus profond de soi-même et de l'autre, c'est recréer les conditions pour revivre cette expérience avec d'autres.

Cette « étrangeté » a aussi influencé mon regard sur l'économie. J'ai appris à confronter cette discipline avec celles qui lui sont étrangères, avec d'autres modes de pensée, pour redécouvrir sa nature profonde. C'est notamment ce que j'ai entrepris dans mon travail de thèse en choisissant de faire dialoguer l'économie avec la théologie. Mais ce que j'ai cherché dans la théologie ne fut pas un système de valeurs pour juger l'économie. La confrontation s'est faite entre la logique du sacré et la logique du marché, qui sont deux manières de penser le rapport de l'humain avec quelque chose qui le transcende. Le rapport à la transcendance, qu'elle soit de nature religieuse ou sociale, constitue toujours une mise à distance par rapport à soi-même et, en ce sens, une expérience d'étrangeté.

La frontière, le manque et l'étrangeté ont ainsi marqué mon regard sur l'économie : j'ai été plus attirée par ses limites que par ses lois universelles, par ses incertitudes que par ses certitudes, par ses discontinuités que par ses continuités. Et ce fut à travers les limites, les incertitudes et les discontinuités que l'économie m'est finalement apparue comme une véritable expérience de vie. C'est-à-dire une expérience qui révèle quelque chose de la vie.

La vie n'est pas le contraire de la mort mais sa traversée

La traversée quotidienne des frontières entre les multiples appartenances qui m'habitent m'a donné une représentation particulière de la vie : elle s'est manifestée, non pas en opposition à la mort, mais, au contraire, comme sa traversée. Son émergence m'est apparue chaque fois liée à la mort de quelque chose, avec aussi le risque de rester pour toujours dans le vide. Chacune de mes appartenances a donné un sens à ma vie : le sens de l'entre-deux, le sens du manque fondateur, le sens de la différence. Or chacun de ces sens est associé à un non-sens ; chacune de ces vies est associée à une mort. La vie dans l'entre-deux suppose de mourir à l'unicité ; la vie à travers le manque suppose de mourir à la complétude ; la vie dans la différence suppose de mourir à la « mêmeté ». Chaque vie entraîne une mort, et chaque mort est source de vie. Mais la vie n'est jamais garantie, car, en traversant la mort, on peut y rester. L'entre-deux peut s'enfoncer dans l'indéterminisme absolu ; le manque dans le vide éternel ; la différence dans la perte d'identité. La vie ne peut pas être conçue sans la mort, elle est sa traversée continuelle, elle est un mouvement toujours risqué plutôt qu'un acquis à atteindre. Henri Atlan[1] parle à ce propos de deux types de vie associés à deux types de mort : la vie par continuité et la vie par renouvellement, indissociables de la mort par rigidité et de la mort par éclatement. Si l'on choisit uniquement la continuité, on risque de mourir de rigidité et si l'on choisit uniquement le renouvellement, on risque de mourir par

1. Henri Atlan, *Entre le cristal et la fumée*, Le Seuil, 1972.

éclatement. Or, pour se renouveler, il faut accepter de mourir à une certaine continuité, et, pour se reproduire, il faut accepter de mourir à un certain renouvellement. La vie apparaît ainsi en tension permanente avec la mort. Henri Atlan met en rapport ce principe « biologique » de la vie, avec un principe philosophique et spirituel qu'il reprend de la Bible, dans le livre du Deutéronome : « Entre la vie et la mort, [...] choisis la vie afin que tu vives » (Dt 30, 15-20). Ce qui signifie qu'on peut choisir la vie et mourir. Nous sommes des éternels voyageurs, en errance à travers nos morts multiples. Chaque arrivée devient très vite un nouveau départ, chaque acquis, une nouvelle perte. Le contraire de la vie n'est pas la mort, mais l'arrêt définitif de ce voyage à travers la mort.

La vie ainsi conçue peut s'appliquer tant au niveau individuel que collectif, tant au niveau personnel qu'institutionnel. La vie d'une personne se construit à travers les morts qu'elle traverse : les projets échoués, les relations brisées, les proches disparus... Chaque perte met en chemin vers quelque chose d'autre, chaque désillusion ouvre l'espace pour imaginer un nouveau possible, chaque rupture fait place au tissage d'une nouvelle relation. La vie d'une institution se construit également à travers les crises qui interrogent ses fondements ou son fonctionnement et lui permettent ainsi de se reformuler et de se renouveler en permanence. Une institution qui n'est jamais en crise risque de mourir par rigidité. Or la crise c'est également le risque de mort, de la mort par déconstruction. La crise économique illustre bien cette ambivalence : elle détruit (licenciements, faillites, appauvrissement) et, ce faisant, elle peut devenir une chance pour renouveler le système. La vie se joue toujours entre deux morts.

La vie apparaît ainsi comme une traversée de la mort. Et l'économie, à travers ses limites, ses incertitudes et ses discontinuités, donne à voir cette même expérience fondamentale.

L'économie, traversée de la limite

Le mot économie vient du grec *oïkonomia*, qui signifie la gestion de la maison. Or la maison, c'est le lieu d'habitation, le lieu de plus grande intimité de chacun, le lieu de partage et de rencontre avec les personnes les plus proches. La maison est un lieu privilégié au niveau physique et humain. Chacun « habite » sa maison d'une manière différente : le décor, le mobilier, l'ordre ou le désordre de la maison révèlent la personnalité de son ou ses occupants. La maison est à la fois refuge et lieu d'accueil, espace de protection et d'exposition. Ses murs sont témoins des plus grandes souffrances et des joies les plus profondes. L'économie apparaît ainsi, à l'origine, liée à une dimension existentielle de l'humain : son habitat. Lieu de construction personnelle et communautaire, lieu où l'on apprend à se connaître soi-même et à vivre avec d'autres. L'économie est, en ce sens, associée à un lieu vital, à un lieu où se bâtit la vie individuelle et collective de chaque personne. Certes, il s'agit surtout de la gestion des biens, mais notre rapport aux biens est totalement déterminé par la manière dont notre existence prend forme. L'économie est ainsi liée à l'origine de la vie, non seulement parce qu'elle procure les biens matériels nécessaires à la vie biologique, mais surtout parce qu'elle est associée à la construction de la vie humaine, individuelle et collective, à cet espace privilégié dans la vie d'une personne qu'est sa maison, son habitat.

L'économie est donc un lieu de vie, un lieu où l'on apprend à vivre, un lieu où l'on construit sa vie personnelle et sa vie avec d'autres. L'économie est certes un moyen plutôt qu'une finalité, mais un moyen qui traduit les aspirations les plus profondes de chacun et, plus encore, un moyen qui nous oblige en permanence à définir nos finalités et nous apprend ainsi à faire des choix. C'est en général au moment où il faut décider de l'utilisation des ressources financières que les priorités se révèlent. Nous sommes prêts à soutenir beaucoup d'actions, mais c'est au moment où il faut y consacrer de l'argent que les véritables adhésions se manifestent. Nos choix de consommation, notre rapport aux biens, la gestion de notre budget mettent en évidence nos choix de vie, nos priorités, ainsi que les limites et les vertus, les attachements et les libertés, qui sont les nôtres, sans que nous en soyons pour autant conscients. L'économie, d'ordinaire associée à la dimension matérielle de la vie, révèle tout autant sa dimension existentielle.

L'expérience de la limite est un aspect fondamental de la vie humaine, nous l'avons vu. Or cette expérience est au cœur de l'économie : c'est la rareté des ressources. L'expérience de la limite, c'est la rupture quand nous avons prévu la continuité, c'est l'absence quand nous attendions la présence, c'est le vide quand nous avions envisagé le tout plein. La contrainte financière est souvent évoquée comme une limite à la réalisation de nos projets ou de nos désirs. Combien de fois entendons-nous justifier le refus d'une requête par le manque d'argent ! En fait, les ressources limitées obligent à faire des choix : justifier le refus d'un projet par le manque de moyens n'est qu'une manière indirecte de dire que le projet n'est pas considéré comme prioritaire. L'économie, définie toujours comme allocation de ressources rares entre des fins multiples, renvoie en fait à une expérience humaine fondamentale, celle de la limite. Une expérience qui n'appelle pas seulement des capacités de gestion et de redistribution. Une expérience qui ne se situe pas uniquement au niveau matériel, mais bien au niveau existentiel. Une expérience qui est d'ordre anthropologique car elle nous rappelle que l'humain est marqué par sa finitude, que nous sommes des êtres radicalement incomplets et que le manque est constitutif de notre humanité. Or c'est grâce à cette finitude que l'humain devient capable d'une certaine infinitude. C'est grâce à la limite que l'humain peut faire l'expérience de la transcendance.

La limite est souvent associée à la perte, au manque, à l'incomplétude. Si, face à la limite, on essaye de réparer la perte, de combler le manque et de compléter l'incomplétude, il n'y a pas de transcendance possible. On reste dans une logique réparatrice. Si, en revanche, la perte permet de libérer des énergies nouvelles, si le manque met en mouvement vers un nouveau possible, si l'incomplétude pousse à chercher ailleurs, on ouvre l'espace à l'émergence du radicalement nouveau. On sort de la logique réparatrice et on s'inscrit dans une logique de création. La création sort du prévisible et du contrôlable. La création n'est pas une fabrication mais une nouveauté radicale[1]. La création est en ce sens une expérience de transcendance car elle fait place à l'inattendu. C'est ainsi que la limite, expression par excellence de notre finitude humaine, rend possible cette autre expérience, aussi profondément humaine, mais radicalement opposée, de la transcendance. La création ne serait pas possible sans la limite : en situation de plénitude, de perfection et de complétude, il n'y a pas de place pour l'émergence du radicalement nouveau. C'est la limite qui nous transforme en créateurs. C'est notre immanence qui fait place à la transcendance. L'économie, toujours associée à la rareté de ressources, renvoie à cette expérience existentielle de la limite. L'économie sollicite ainsi, plus que la capacité de gestion, la capacité de création. L'économie répond chez

1. Sur la différence entre création et fabrication, voir Hannah Arendt, *Condition de l'homme moderne* [1958], Calmann-Lévy, coll. « Agora », 1995.

l'homme, plus qu'à son besoin de consommation, à sa qualité de créateur.

La vie n'est pas le contraire de la mort mais sa traversée, avons-nous posé. De même, on peut dire que l'économie n'est pas la gestion de la rareté, mais sa traversée. Elle n'a pas pour but la satisfaction des besoins, mais le développement de la capacité créatrice de l'humain. Elle ne cherche pas à combler un manque, mais plutôt à le mettre en mouvement. Elle ne vise pas à réduire la finitude humaine, mais à la transformer en expérience de transcendance. Elle n'est pas la réduction des limites, mais leur engendrement, en ce sens qu'elle en fait jaillir du nouveau. L'économie s'inscrit ainsi au sein même de la vie conçue comme traversée de la mort.

L'économie comme engendrement de la limite : voici une belle définition qui ne sera pourtant jamais retenue dans un manuel d'économie. Et pour cause, car le manuel donne des outils au service d'une capacité opérationnelle. Or l'engendrement de la limite n'appelle pas la capacité opérationnelle de l'humain, mais sa capacité existentielle. L'économie est affaire de manuels, mais elle a aussi besoin de philosophes et de poètes, de romanciers et de conteurs, car elle relève de la vie dans ce qu'elle a de plus matériel et de plus immatériel, de plus maîtrisable et de plus immaîtrisable, de plus prévisible et de plus imprévisible. L'économie a besoin de la rationalité scientifique des modèles qui décrivent et décortiquent la réalité, mais également de la rationalité « mystique » des fables et des romans qui se servent de la contradiction pour affirmer, et de la métaphore pour expliquer[1]. Autrement dit, l'économie relève de la « chair » et de l'« esprit », car son objet principal, qui est la limite, est marqué par cette même ambivalence.

En économie, la limite peut renvoyer à la rareté des ressources, relevant, de ce fait, d'une dimension matérielle. On est là dans une vision classique de l'économie qui consiste à satisfaire des besoins ; l'humain est alors conçu à travers sa capacité à « accéder » aux biens nécessaires pour les satisfaire. Mais la limite peut aussi renvoyer à une expérience qui dépasse la seule dimension matérielle : en produisant un manque, elle suscite également un désir. Or le désir est d'un autre ordre que le besoin. Le désir met en mouvement, tandis que le besoin appelle la satisfaction. Le désir libère de l'énergie, le besoin en consomme. Le désir sollicite la capacité créatrice

---

1. Sur la différence entre science et mythe, voir Henri Atlan, *À tort et à raison*, Le Seuil, coll. « Points Sciences », 1986.

de l'humain, le besoin mobilise surtout sa capacité d'accès aux biens nécessaires. La différence entre ces deux approches se traduit aussi dans le rapport à l'incertitude : pour accéder aux biens, il faut surtout réduire voire supprimer l'incertitude, tandis que pour créer du radicalement nouveau, il faut plutôt apprendre à accueillir l'incertitude. Car, sans incertitude, pas de création possible.

Cette ambivalence propre à la limite se retrouve au sein même de l'économie, laquelle devra réduire et à la fois accueillir l'incertitude, autrement dit gérer et à la fois engendrer la limite. La réduction de l'incertitude et la gestion des limites constituent, comme je l'ai déjà dit, les dimensions de l'économie habituellement évoquées. Pourtant, je pense que l'économie relève, en même temps et paradoxalement, des deux autres dimensions : celle d'accueillir l'incertitude et celle d'engendrer la limite. Séparer ces dimensions revient à vouloir séparer la chair de l'esprit. Cette séparation relève d'une approche dualiste de la vie. Ce n'est pas la mienne. Je pense que l'économie est liée à la vie, pas seulement dans sa dimension matérielle, mais à travers toutes les dimensions qui rendent une vie pleinement « humaine ». Et notamment à travers ce que nous considérons être la capacité la plus précieuse de la vie humaine, à savoir sa capacité « créatrice ».

Ce livre veut retrouver cette dimension existentielle de l'économie, son « esprit », non pour l'opposer ou le juxtaposer à sa dimension matérielle, à sa « chair », mais bien au contraire pour les articuler tous deux autrement. L'économie, comme toute activité de création, comme la vie elle-même, est marquée par l'ambivalence. Elle se conçoit dans la tension permanente, elle est une traversée perpétuelle entre certitude et incertitude, entre besoin et désir, entre maîtrisable et immaîtrisable.

La résurrection, traversée du tombeau vide

Cette histoire de traversée – l'identité dite à travers les frontières qui nous façonnent, la vie dite à travers les morts qui nous sillonnent, l'économie dite à travers les limites qui nous menacent – résonne fortement avec une autre expérience de traversée, celle de la résurrection. Elle correspond à l'un des principaux mystères de la foi chrétienne et, en même temps, elle renvoie à une expérience profondément humaine, voire la plus humaine qui puisse exister : celle de l'échec qui ouvre au radicalement nouveau, celle de la limite

qui libère une capacité nouv[illegible]
se met à désirer la vie. Car la [illegible]
pas simplement la vie après la [illegible]
contre la mort, mais plutôt la vie q[illegible]
mort, la vie qui se fraie un passage et q[illegible]
là où l'on ne l'attend pas. La résurrectio[illegible]
ainsi un autre mot pour dire la vie à trav[illegible]
mort, la création à travers la limite.

Ce qu'il y a de commun dans toutes ces histoires de traversées, c'est la priorité donnée au passage plutôt qu'à l'arrivée, au chemin parcouru plutôt qu'au but à atteindre. Ce qui est le plus précieux de la traversée, c'est que le résultat final n'est pas connu d'avance. Ce sont les détours du chemin, ses impasses et ses obstacles, ses limites et ses barrages, qui ouvrent la possibilité du radicalement nouveau. Le chemin linéaire et balisé conduit à un but prévisible. Le chemin tortueux et non délimité ouvre à l'imprévisible. L'expérience de la résurrection évoque la radicalité de cette traversée de la mort qui fait émerger du radicalement nouveau. Tous les récits évangéliques sur la résurrection le racontent à leur manière, avec un Jésus qui, après avoir été tué, réapparaît parmi les siens, mais avec une présence tellement nouvelle qu'il n'est jamais reconnaissable au premier abord. Cette nouveauté radicale liée à la résurrection apparaît, dans l'Évangile de

du tombeau

tombeau, et
n 20, 2), dit
tre disciple,
le corps de
tre disciple
e tombeau.
ais il n'ose
tre dans le
). Qu'a-t-il
a vu des bandes de lin posées à terre et le linge qui avait recouvert la tête de Jésus. Il a seulement vu les signes de l'absence du corps de Jésus. Rien d'autre. Il a vu le vide. Il n'a pas trouvé ce qu'il attendait. Et ce fut la rencontre avec ce vide inattendu qui a suscité quelque chose en lui qui l'a conduit à croire. Ce credo n'a pas d'objet : il ne dit pas ce qu'il a cru ou en quoi il a cru. Croire en la résurrection apparaît ici comme une expérience suscitée par le vide.

La résurrection, la vie re-suscitée, se manifeste dans ce récit par la traversée du vide. Or le vide est une expérience de mort et de limite : c'est le projet échoué, l'illusion disparue, l'attente avortée ; c'est la confiance trahie, la main fermée, la reconnaissance perdue ; c'est la fragilité quand on se croyait fort, la maladie quand on se pensait en pleine santé, l'épuisement quand on s'imaginait tout-puissant ; c'est le manque sous toutes ses formes – manque de travail, manque de toit, manque d'amis... Face au vide, que peut signifier croire ? Je pense que croire signifie ici se mettre à désirer la vie. Face au vide, il n'y a plus rien à quoi s'attacher, ni mort à pleurer ni vie à protéger. Il y a juste l'envie de vivre qui peut être suscitée, c'est-à-dire l'envie de faire émerger du nouveau. Croire en la résurrection, c'est croire que la vie est possible à nouveau, sans en avoir la garantie ; que la vie est possible autrement, sans savoir comment ; que la vie vaut la peine, sans en avoir des raisons. Croire en la résurrection, c'est habiter l'absence d'une nouvelle présence, c'est peupler la désillusion de nouveaux rêves, c'est faire de la rupture l'espace de nouvelles rencontres.

La désagréable surprise du vide non prévu, de l'absence non attendue, de la certitude perdue produit de l'abandon, du dénuement, du dépouillement. On se sent fragilisé, désarmé, vulnérable. Quelque chose nous échappe et nous dépasse. Ce récit du tombeau vide semble dire que si, au moment où les sécurités tombent, nous ne restons pas à la porte du tombeau mais nous y entrons et nous nous laissons traverser par le vide, c'est là que l'émergence du radicalement nouveau devient possible.

La résurrection, l'économie, la vie, apparaissent ainsi comme des traversées : traversée du vide, traversée de la limite, traversée de la mort. Dans ces traversées, il se passe quelque chose qui est de l'ordre de la création et que nous avons associé à l'expérience de la transcendance. Une transcendance qui peut avoir des formes et des significations très différentes. Ce n'est pas le contenu de la transcendance qui rassemble ces traversées, mais sa logique, sa dynamique. C'est ce que la limite libère en termes d'énergie nouvelle, ce que le vide libère en termes d'envie de vivre, ce que la mort libère en termes de mise en route, qui est associé à l'expérience de la transcendance. Chaque fois, la contrainte ouvre à quelque chose d'inconnu, de non maîtrisable et de mobilisateur.

Cette logique de la transcendance apparaît toujours marquée par trois aspects qui permettent de l'identifier quel que soit le type de transcendance associée (religieuse ou humaine). En premier lieu, il y a toujours une mise à distance, une rupture, une discontinuité, une déception, qui met en mouvement. Dans le récit de Jean, c'est l'annonce angoissée de Marie de Magdala qui provoque la course des deux disciples vers le tombeau. C'est quelque chose d'inattendu qui ouvre une brèche, comme une panne dans un circuit, et qui produit du désordre. Ensuite, le mouvement créé par le désordre fait vivre une expérience nouvelle, il confronte au radicalement autre, il ouvre à l'altérité. Le vide permet au disciple de faire l'expérience de l'altérité radicale de Jésus. Enfin, l'altérité appelle la liberté de chacun. L'altérité ne s'impose pas comme une vérité toute faite, mais elle sollicite la libre adhésion de celui qui en fait l'expérience. Le disciple déclare : « J'ai vu et j'ai cru. » Ce n'est pas de l'ordre de l'évidence, c'est un acte de foi. La logique de la transcendance appelle la capacité à parier plutôt qu'à vérifier, à larguer les amarres plutôt qu'à se mettre à l'abri en port sûr.

Bref, la logique de la transcendance suppose une distance qui met en mouvement, un mouvement qui ouvre à l'altérité, une altérité qui met en jeu la liberté. Cette triple démarche se retrouve dans chacune des traversées revisitées : dans la vie comme traversée de la mort, dans l'économie comme traversée de la limite, dans la résurrection comme traversée du tombeau vide.

Nous retrouverons ce triple mouvement dans chacun des chapitres qui suivent, car chaque fois il sera question de la transcendance qui émerge à travers l'immanence. Et, je le répète, il ne s'agit pas de montrer l'existence d'une transcendance spécifiquement chrétienne ou religieuse, mais bien de mettre en évidence la logique de la transcendance en tant qu'expérience profondément humaine. Nos références chrétiennes sont ici évoquées en tant qu'outils qui nous aident à penser ce que la référence à la transcendance produit chez l'homme, et non comme apologie du Dieu chrétien.

CHAPITRE 2

L'économie, un acte créateur

La vie et l'économie conçues comme des traversées, de la mort, de la limite, du vide, viennent d'être associées à l'acte de création. Pourtant, le monde de l'économie semble a priori plus proche de la fabrication que de la création. Nous voudrions ici redonner ses lettres de noblesse à cette vocation créatrice de l'économie, lorsqu'elle est pensée comme un espace qui sollicite la capacité créatrice de l'humain, au-delà de sa compétence technique.

La création comme acte de « livrer passage »

La notion de « création » est souvent utilisée dans le domaine économique comme synonyme de « production » ou plus particulièrement d'« innovation ». Dans les deux cas, la création pourrait être associée à ce que Hannah

Arendt[1] appelle la « fabrication » : le résultat d'une action prévue d'avance, l'exécution d'un plan préétabli. En effet, en économie, autant la production que l'innovation relèvent généralement d'une activité bien planifiée et contrôlée. Certes, l'innovation suppose l'intégration de quelque chose de nouveau, mais le plus souvent il s'agit d'une nouveauté anticipée et volontairement introduite. Le processus de recherche qui précède une innovation technique comporte certes une dose d'imprévisibilité, mais le but est de transformer l'imprévu en découverte manipulable, soit pour la reproduire (par exemple, un nouveau produit), soit pour l'éviter (découverte d'un dysfonctionnement). Les innovations, dans le cadre d'une activité économique, peuvent apparaître à différents niveaux. Schumpeter, référence classique sur l'innovation dans le domaine économique, identifie cinq types d'innovations possibles : au niveau des produits, des débouchés, des consommations intermédiaires, des procédés et de l'organisation du marché[2]. À partir de cette classification, on voit bien que l'innovation peut

1. Hannah Arendt, *Condition de l'homme moderne*, *op. cit.*

2. Joseph Schumpeter, *Théorie de l'évolution économique* (1911), trad. française 1935, Dalloz, 1999.

être technique, organisationnelle, commerciale, mais que, dans tous les cas, elle a vocation à devenir une régularité. Schumpeter va également décrire et qualifier le processus d'innovation comme un processus de « destruction créatrice », en faisant ainsi place à un certain degré d'imprévisibilité, associé au moment de destruction qui précède l'émergence du nouveau. Mais, encore une fois, le but de l'innovation économique ainsi conçue est toujours de pouvoir être reproduite. C'est en ce sens que nous disons que l'innovation se situe plutôt du côté de la fabrication que de la création.

Faudrait-il conclure qu'en économie, il n'y a pas de place pour la création, comme l'a conçue Hannah Arendt ? La réponse est affirmative si l'économie est définie uniquement comme processus de production et d'allocation de ressources matérielles. Pourtant, je crois que l'économie est avant tout une activité sociale et que le rapport entre l'homme et les biens ne peut pas être séparé de la relation qui se tisse entre les hommes à travers les biens. C'est la dimension sociale voire « sociétale » de l'économie qui permet de penser la création à l'intérieur même de sa logique. Cela suppose de revaloriser la dimension relationnelle de l'économie. Elle sera au centre de ce livre, mais sera évoquée d'une manière différente dans chaque chapitre. Je voudrais ici préciser le rapport entre cette dimension relationnelle et l'acte de création, car c'est bien la création, et non la fabrication, qui en économie fait place à la relation. En effet, le fait d'avoir réduit la création à de la fabrication a conduit à évacuer la question de la relation.

Je partirai d'une expérience personnelle, qui n'est pas habituellement qualifiée de création, mais qui en révèle quelque chose d'essentiel. Il s'agit de l'expérience de l'enseignement, que ce soit dans le cadre de la formation académique ou de conférences ponctuelles, données à des publics très différents. Un même exercice : celui de la parole publique. Dans cette activité, l'on ne produit rien, en tout cas rien de matériel. On adresse une parole, on en reçoit des échos qui peuvent arriver de différentes manières. Parfois, on les reçoit simultanément à la parole adressée, comme une sorte de résonance silencieuse mais très parlante. On ressent l'écoute, même si elle ne s'exprime pas avec des mots, comme une énergie qui circule entre l'émetteur et l'auditoire. Dans d'autres cas, l'écho prend la forme d'une parole qui réagit dans le même registre que la parole énoncée, à travers des questions ou des commentaires. Et, quelquefois, l'écho change de registre, et l'on sent la parole revenir par un chemin inattendu. Ce sont des moments rares mais précieux, où l'on découvre que la parole dite a touché, chez celui qui l'écoute, une fibre intime, associée à une expérience personnelle, qui n'a aucun rapport direct avec le contenu de la parole énoncée.

Dans la communication publique, il y a toujours une dose importante de maîtrisable : la réception dépend en partie du contenu, et donc de la préparation de la parole adressée, ainsi que de la rhétorique de l'émetteur. Mais il y a également une partie importante qui échappe à la maîtrise de son émetteur. Une même parole peut être entendue de manière très différente par les auditeurs : elle peut passer totalement inaperçue chez l'un, évoquer quelque chose d'existentiel chez un autre. De ce fait, l'épaisseur du silence dans lequel la parole résonne, les questions qu'elle provoque, voire les confidences qu'elle peut susciter, sont en grande partie de l'ordre de l'imprévisible et du non-contrôlable, car cela relève plus de l'histoire de chaque auditeur que de la compétence de l'émetteur. Il y a quelque chose de toujours imprévisible dans l'écoute, qui peut convertir la transmission en véritable communication et la communication en communion. Et quand la communion se produit, on sent plus que jamais que la parole dite ne nous appartient plus. C'est comme un moment de

« grâce », où la relation s'établit au-delà des paroles prononcées. Ce moment de grâce n'est pas « fabricable ». On pourrait en revanche le situer du côté de la création, car il s'agit d'une parole qui n'est pas seulement une information transmise, mais une parole qui fait jaillir, chez celui qui l'écoute, quelque chose de vital, qui revient ensuite vers l'émetteur. L'auditeur n'est plus dès lors simple récepteur : c'est comme si la parole émise se laissait habiter par celui qui l'écoute, qui la renvoie à son tour à l'émetteur. La parole « créatrice » est une parole qui génère de la communion, même entre des personnes qui ne se connaîtront jamais personnellement. Et cela n'est jamais prévisible ni programmable et ne relève ni de la compétence ni de la volonté de l'émetteur.

Cette circulation de l'émetteur vers le récepteur et du récepteur vers l'émetteur fait penser que, dans la création, il y a quelque chose qui est de l'ordre du passage. Comme si le créateur était un passeur plus qu'un producteur, quelqu'un qui « livre passage » plutôt qu'il ne produit un résultat. Si la réaction suscitée chez l'auditeur échappe à ce qui était prévisible par l'émetteur, celui-ci, en tant que créateur, n'est pas le « fabricant » de la réaction générée, mais celui qui l'a rendue possible. Le créateur apparaît ainsi comme celui qui crée les conditions pour que le nouveau, c'est-à-dire l'inattendu, arrive. Le créateur est quelqu'un qui permet l'émergence du nouveau et, en ce sens, qui livre passage. Si créer, c'est livrer passage, la création ne peut pas se situer uniquement dans le registre de la maîtrise : comme ce professeur d'artillerie qui expliquait à ses étudiants que le canon est un trou avec du bronze autour, car la fonction principale du canon est celle de « livrer passage »[1]. On pourrait ainsi dire que le créateur est avant tout un homme « troué », car sa principale fonction est également de livrer passage. Pour créer, il faut sans doute une certaine capacité de maîtrise, de même que le canon a besoin du bronze qui l'entoure. Mais il n'y a pas de création possible sans une certaine capacité de dé-maîtrise. Pour que la création ne soit pas simple fabrication et pour que la communication ne soit pas simple transmission, il faut à la fois maîtriser et lâcher prise, afin que le radicalement nouveau, l'imprévisible, puisse arriver.

La création entre maîtrise et dé-maîtrise

Pour que la création ne se réduise pas à de la fabrication et qu'elle fasse place à l'émergence du

1. Exemple cité par Gabriel Ringlet dans *L'Évangile d'un libre penseur*, Albin Michel, 1998.

radicalement nouveau, il faut faire appel à deux attitudes contraires : la maîtrise et la dé-maîtrise, autrement dit, l'engagement et le détachement, le contrôle et le lâcher-prise, la certitude et l'incertitude. Il faut s'impliquer comme si le résultat ne dépendait que de nous et, en même temps, il faut savoir se laisser surprendre par ce qui arrive et qui n'était pas prévu. Il faut pousser et en même temps se laisser déplacer. Il faut résister et en même temps se laisser désarmer.

Cette contradiction, qui marque l'acte créateur, est également soulignée par Benjamin Gonzalez Buelta, dans son essai sur « le temps de créer »[1]. Ce jésuite espagnol, vivant depuis longtemps en Amérique centrale et très proche des populations pauvres, est connu pour sa capacité à parler de spiritualité à travers les réalités les plus concrètes de la vie humaine. Il dit ainsi que la création demande à conjuguer des réalités qui normalement s'autoexcluent, et qu'il faut plutôt les mettre en dialogue, comme l'utopie et ce qui est en germe, la prophétie et la sagesse, l'efficacité et la gratuité, l'individuel et le communautaire, la mystique et l'ascétisme. La création apparaît ainsi comme un éternel balancement entre ces mouve-

1. Benjamin Gonzalez Buelta, *Tiempo de crear. Polaridades evangélicas*, Sal Terrae, 2009.

ments contraires qu'il faut compiler plutôt qu'opposer. C'est alors le recours aux images et au langage poétique qui va lui permettre de dire cet indicible des contraires qui se complètent. Comme si, pour dire la création, il fallait commencer par créer une nouvelle logique de pensée. Ce passage permanent d'aller-retour entre le vide et le débordement ne peut pas se dire en pur langage cartésien et scientifique.

L'émergence du nouveau qui caractérise la création sollicite l'émerveillement plutôt que l'explication, la capacité de surprise plutôt que celle de vérification. On la saisit dès que l'on accepte qu'elle nous dépasse. Elle appelle à être reconnue plutôt qu'apprivoisée. Or nous vivons dans des sociétés où la reconnaissance donne souvent le droit de propriété sur ce qui est reconnu, et cela est particulièrement vrai en économie. La reconnaissance d'un nouveau produit, d'une nouvelle organisation, d'un nouveau marché, le fait de les « découvrir » en premier devient naturellement droit d'appropriation. Et c'est en cela que la « création » apparaît plutôt comme « fabrication ». Il en va de même avec la reconnaissance du travail personnel, du moment qu'elle s'exprime uniquement de manière monétaire, comme si le produit du travail était uniquement d'ordre matériel. En revanche, il y a toujours dans le travail fait en commun un résultat qui n'est ni divisible ni mesurable, car d'ordre relationnel plutôt que matériel, et sollicitant donc un autre critère de valorisation que le monétaire. La création appelle ainsi à inventer d'autres formes de reconnaissance, qui ne soient pas exclusivement associées à l'appropriation de ce qui a été créé. La création, encore une fois, appelle à combiner engagement et détachement, implication et abandon, passion et désintéressement.

Cette conception de la création qui ne se réduit pas à de la fabrication interroge fortement l'économie. Et ce début de XXIe siècle est particulièrement propice pour poser cette question, notamment autour d'une problématique contemporaine, apparue d'abord comme un simple problème de rareté de ressources, et devenu par la suite une question majeure de société : le développement durable.

Le développement durable : une invitation à faire durer notre capacité de création

L'épuisement et la dégradation de ressources naturelles qui sont à la base de notre système de production et de consommation (pétrole, terre, eau, etc.) remettent en cause notre système de développement. Encore très attachée à la seule idée de croissance économique (et donc de fabrication) et associée au seul modèle des pays « développés », la notion de développement se trouve aujourd'hui sur le banc des accusés : ce développement serait responsable d'une exploitation prédatrice de la nature qui compromet les possibilités de vie des générations futures. La représentation du développement a ainsi radicalement changé : d'abord signe de progrès et de bien-être, il est maintenant symbole de prédation et menace de mort.

Devant cette accusation, certains préconisent l'abandon de l'idée de développement et prônent la décroissance. Ces mouvements expriment surtout une contestation à l'égard d'un modèle économique et d'un mode de vie centrés sur l'augmentation de la production et de la consommation. Or, si la contestation est pertinente, je ne pense pas que la solution proposée soit la bonne. Plutôt que d'inverser ou de freiner la croissance, ce qui revient à avoir moins du même, je crois que le vrai défi c'est de la définir autrement[1]. Les limites naturelles auxquelles notre planète est

1. Voir notamment l'ouvrage collectif : Justice et Paix, *Oser un nouveau développement. Au-delà de la croissance et de la décroissance*, Bayard, 2010.

aujourd'hui confrontée n'invalident pas le fait de vouloir se développer et croître, ce qui est par ailleurs propre à la nature humaine. Ce qu'elles invalident, en revanche, c'est le fait de réduire le développement à la seule croissance économique. Ainsi, plutôt que de chercher à réduire la production et la consommation, il s'agirait de produire et de consommer « autrement ». Et, pour ce faire, il ne suffit pas de remplacer les énergies non renouvelables et polluantes par des énergies renouvelables et propres. La question est bien plus fondamentale : elle n'interroge pas seulement le type de ressources utilisées, mais aussi et surtout la finalité et la manière dont on les utilise. La question ne se pose pas d'abord au niveau de la « quantité » produite ou consommée, mais plutôt de la place qu'occupent la consommation et la production dans notre vie, et de la manière dont nous produisons et consommons. La question du développement durable est une question sur le « sens » de la vie individuelle et collective, sur leur signification et sur leur orientation. La question du développement durable porte sur la définition de la « vie bonne », une vie qui donne envie d'être vécue.

La « vie bonne » est souvent associée à la « qualité de vie », notion qui à son tour est habituellement réduite au degré de satisfaction des besoins. Certes, toute vie humaine doit satisfaire des besoins de base : l'alimentation, la santé, le logement. Mais peut-on définir la vie, et donc la qualité de vie, uniquement par le degré de satisfaction de ces besoins ? Cette définition réduit l'humain à sa capacité d'accessibilité. Pourtant, une autre capacité dit, de manière plus fondamentale, l'essentiel de la vie humaine : la capacité d'être créateur. C'est le fait de participer à la création de biens, plutôt que celui d'en bénéficier, qui permet de considérer une vie comme véritablement humaine. Le sens du développement change ainsi de cap : l'amélioration de la qualité de vie ne se réduit pas à l'accroissement de la capacité d'accès aux biens, mais se définit plutôt par l'augmentation de la capacité de chacun à se sentir créateur.

Nous retrouvons ainsi la question de la création : le développement durable, à travers son interrogation sur la vie bonne, nous invite à penser l'activité économique non seulement en termes de fabrication mais également en termes de création. Car la fabrication est orientée vers l'accès et la satisfaction de besoins, tandis que la création se situe plutôt au niveau de la contribution et de la participation de chaque personne à cette activité. Dès lors, rendre le développement

« durable » ne consiste pas tellement à faire durer nos acquis, mais plutôt à faire durer notre capacité créatrice. Rendre le développement durable suppose donc d'assurer à chaque personne, présente et future, non pas les biens nécessaires pour vivre, mais plutôt la possibilité de participer à leur production. Rendre le développement durable ne consiste pas à prolonger la durée du modèle actuel, mais plutôt à inventer un autre modèle de développement, un développement pensé à partir de la place que chaque personne y occupe plutôt que de sa capacité à accéder aux biens nécessaires.

Du moment qu'il n'est pas abordé comme un problème uniquement technique, le développement durable permet de reconsidérer d'une manière nouvelle la notion de création dans le domaine économique. Cette nouvelle acception de la création, définie en fonction d'une « vie bonne » qui reste à préciser, mais qui sera en tout cas une vie où chaque personne aura une place et une contribution à faire, résonne fortement avec l'idée de création conçue comme l'acte de livrer passage. En effet, une vie bonne, non déterminée uniquement par des besoins à satisfaire mais par la capacité créatrice de l'humain, est une vie dont le contenu n'est pas prédéfini. C'est une vie qui fait place à l'imprévisible car elle cherche à libérer plutôt qu'à combler. C'est une vie qui livre passage à la potentialité créatrice de chaque personne, une vie qui a besoin de maîtrise et de démaîtrise pour que la capacité de chacun puisse se développer au-delà du prévisible, une vie à recréer en permanence plutôt qu'à sécuriser. C'est une vie où la surprise et l'émerveillement sont possibles.

La création, du chaos au jardin d'Éden

La résonance entre ces différentes approches d'une création qui ne se réduit pas à de la fabrication est renforcée par la conception biblique de la création. Deux récits lui sont consacrés dans le premier de ses livres, mais on peut dire que l'idée de création traverse toute l'histoire biblique. Dans le livre de la Genèse, il y a notamment trois éléments qui semblent pouvoir entrer en dialogue avec les conceptions de la création évoquées auparavant : l'acte créateur de Dieu, d'abord ; ensuite la manière dont sont créés l'homme et la femme ; enfin, le commandement qui accompagne le don de la création.

La création comme mise en relation

Quand Dieu commença à créer les cieux et la terre,
or la terre était tohu et bohu
et ténèbres sur la face d'un abysse[1]*...*

Au début du livre de la Genèse, l'acte de création consiste, à partir d'un chaos inhabitable, à différencier et à séparer ce qui était indifférencié et confondu : la terre de la mer, le jour de la nuit, l'homme des animaux. Séparer pour relier autrement. La création apparaît ainsi comme une mise en relation entre ce qui était confondu plutôt que comme fabrication de ce qui n'existait pas. La création biblique est d'ordre relationnel plutôt que matériel. La séparation des éléments confondus constitue une mise à distance nécessaire pour qu'il puisse y avoir de la communication entre eux. Sans séparation, il y a de l'amalgame, non de la communication. C'est en ce sens que l'on peut dire que l'acte créateur

1. Gn 1, 1. La traduction des citations du livre de la Genèse de ce chapitre est celle du théologien André Wénin dans *D'Adam à Abraham ou les errances de l'humain*, Le Cerf, 2007.

consiste à livrer passage. De même, le développement durable, conçu comme une manière d'assurer à chacun une place propre et unique dans la construction d'un projet commun, correspond à cette idée : pour faire une place à chacun, il faut bien séparer, non pour isoler, mais pour que la relation soit possible.

Penser le développement en termes de création engage donc sa qualité relationnelle plutôt que sa capacité quantitative. La question ne serait plus de réduire la consommation pour durer plus longtemps, ni de freiner les pays plus riches pour permettre aux pays plus pauvres de se rattraper ; elle serait de penser ensemble, riches et pauvres, à de nouveaux modes de développement, évalués en termes de capacité de création plutôt que d'accès aux biens, et appréciés à travers la qualité des relations tissées et pas seulement en fonction de la quantité des biens produits et consommés. Dans ces nouveaux modes de développement, ce sont la présence et la participation de chacun plutôt que la quantité de biens dont il dispose qui seront source de valeur. Ainsi, par exemple, ce ne seront pas seulement le PIB et la capacité productive qui seront le critère du niveau de développement d'un pays, mais également sa capacité à assurer une place à chaque membre de sa population et à lui reconnaître une contribution spécifique. Ce ne sera pas seulement l'innovation technique qui fera la richesse d'un pays mais également son innovation sociale, c'est-à-dire sa capacité à créer de nouveaux modèles de vivre-ensemble. J'évoquerai plus loin des exemples concrets de cette autre conception du développement et de la croissance, mais nous pouvons dire d'ores et déjà que le développement appréhendé sous le mode de la création plutôt que de la fabrication permet de penser, d'une façon nouvelle, l'homme comme cocréateur.

Pas de création sans manque

Dieu dit : « Pas bien que l'humain soit à sa solitude.
Je ferai pour lui un secours comme son vis-à-vis. »
[…] *Dieu fit tomber une torpeur sur l'humain – et il s'endormit –,*
et il prit un de ses côtés et ferma la chair à sa place.
Et Dieu construisit le côté qu'il avait pris de l'humain en femme,
et il la fit venir vers l'humain.
Et l'humain se dit :

« Celle-ci, cette fois, est os de mes os et chair de ma chair[1]*... »*

Cet autre récit de la Genèse nous fait sentir combien la création naît du manque. Au départ, c'est le constat de la solitude de l'« humain », *adam* (il devient « homme », *ish*, seulement une fois que la femme a été créée), qui conduit Dieu à lui créer un « vis-à-vis », c'est-à-dire un autre humain avec qui le mettre en relation. Le théologien André Wénin note que cette création est marquée par un double manque : de savoir et d'intégrité individuelle. Pour créer la femme, Dieu commence par endormir l'homme. De ce fait, aucun des deux n'a accès à sa propre origine ni à celle de l'autre. La mise en relation va ainsi de pair avec une perte de savoir, de conscience : nous sommes dans la dé-maîtrise évoquée précédemment. Ensuite, la femme est créée par « un côté » pris à l'homme. Ni l'un ni l'autre, dès lors, ne sera complet. La mise en relation se fait ainsi grâce à une perte d'intégrité de chacun. C'est leur commune incomplétude qui rend possible la relation. Chacun échappe radicalement à l'autre. Et chacun renvoie à l'autre son image d'être

1. Gn 2, 18-23.

manquant. Sa différence lui apprend qu'il ou elle ne sait pas tout, qu'il ou elle n'est pas tout(e).

Mais l'homme, une fois mis face à son « vis-à-vis », va faire état d'un « émerveillement inadéquat », selon les mots d'André Wénin, car il dit : « Celle-ci est os de mes os, chair de ma chair. » Au lieu de s'adresser à la femme, il parle d'elle à la troisième personne. Il oublie par ailleurs que cette création provient de Dieu. Et, enfin, il parle de la femme comme d'une partie qui lui a été enlevée, donc cette partie lui appartient. Il fait de la femme un être dépendant de lui puisque tiré de lui. Ce qu'il voit, c'est avant tout la similitude entre la femme et lui, plutôt que l'altérité. L'homme ne reconnaît aucun des deux manques – de savoir et d'intégrité – associés à la création.

Ce deuxième récit biblique associe, comme le premier, la création à la mise en relation, mais il ajoute un autre élément essentiel à l'acte créateur : le manque. La méconnaissance et l'incomplétude apparaissent ainsi comme des conditions de l'action créatrice. La non-reconnaissance de ces manques conduit à se sentir propriétaire de ce qui a été créé, et à transformer ainsi la création en fabrication. Pour créer, il faut bien de la maîtrise mais également de la dé-maîtrise. Face aux risques liés à l'environnement, nous réagissons souvent en termes de maîtrise, cherchant des modèles préfabriqués pour remplacer ceux qui sont là. Ce faisant, nous cherchons à combler le manque plutôt qu'à le reconnaître comme cette incomplétude radicale qui permet l'émergence du radicalement nouveau.

La création pour garder et cultiver

Et Dieu leur dit : « Fructifiez et multipliez
et emplissez la terre et soumettez-la... »

Et Dieu prit l'humain et le déposa dans le
jardin d'Éden
pour le cultiver et le garder[1].

Après avoir créé la terre, Dieu la confie à l'homme. Dans le premier chapitre de la Genèse, Il demande à l'homme de la soumettre, dans le deuxième, de la cultiver et de la garder. Ces deux commandements peuvent sembler contradictoires, mais il est important de ne pas les séparer. La référence isolée au premier commandement a souvent conduit à des interprétations malheureuses, notamment en termes de développement durable. Les dégâts et les déséquilibres naturels, auxquels nous sommes aujourd'hui confrontés,

1. Gn 1, 28 et Gn 2, 15.

sont en grande partie la conséquence de l'activité humaine. L'homme apparaît ainsi désigné comme « prédateur », en ayant établi une relation exclusivement instrumentale avec la nature, en la considérant uniquement comme facteur de production, comme ressource à exploiter et donc comme objet à dominer. Cette représentation de l'homme comme prédateur a souvent été associée à ce commandement de la Genèse de « soumettre » la terre. Pourtant, cet appel à dominer la terre s'inscrit bien dans un souci de désacralisation de la nature et de non-confusion entre Dieu et les phénomènes naturels. Il faut placer ce commandement dans son contexte et surtout en liaison avec le deuxième récit de la création qui invite l'homme à cultiver et garder la terre[1].

La terre est donc à soumettre, mais aussi à garder et à cultiver. Soumettre signifie ne pas sacraliser : mise en garde face à des positions écologiques qui réclament le respect de la nature même au détriment de l'humain. Garder signifie ne pas instrumentaliser : respecter son équilibre et ses rythmes, ce qui a été souvent violé au nom d'un productivisme exacerbé. Mais garder ne

1. Cf. Elena Lasida, « Une interrogation pour les chrétiens », in *Vivre autrement. Pour un développement durable et solidaire*, Semaines sociales de France, Bayard, 2008.

signifie pas, non plus, conserver en l'état, faire durer sans y toucher. Pour garder la terre, il faut la cultiver, la faire fructifier. La terre a été confiée à l'homme pour produire de la vie.

Dans la création biblique, l'homme n'est appelé à devenir ni prédateur ni simple gardien. Sa mission n'est pas d'exploiter ni de conserver, mais de continuer la création qui lui a été confiée. Sa vocation n'est pas celle du fabricant ni celle du gardien, mais celle de cocréateur. Il est appelé à devenir à la fois maître (soumettre), gardien et cultivateur : à considérer la terre au service de l'humain, mais à ne pas la prendre pour autant comme simple objet de manipulation. L'équilibre est difficile et jamais établi de manière définitive. Mais la recherche de cet équilibre toujours fragile entre l'humain et la terre qu'il habite, c'est bien ce qui fait de l'humain un créateur. Il n'est pas une machine à produire, ni un conservateur de musée. Il est générateur de vie, mais la vie – le chapitre précédent l'a dit et répété – est toujours une traversée de la mort.

Dieu confie à l'homme une création inachevée avec la mission de la poursuivre. Nous sommes encore une fois devant une création qui « livre passage » : passage entre le Créateur et sa créature, passage entre l'homme et la nature, passage entre ce que l'on reçoit et ce que l'on fait émerger. Selon cette approche, rendre le développement durable ne serait pas une affaire de « sauvegarde » mais de circulation et de mise en mouvement. Comme si ce qu'il fallait rendre durable ce n'était pas tellement la création en soi, mais la capacité créatrice de l'humain.

La création biblique apparaît ainsi, à travers ces trois récits, pensée à partir du chaos, du manque et de l'inachevé. Elle consiste à séparer pour remettre en relation, à risquer une perte pour faire émerger du radicalement nouveau, à garder pour faire fructifier. La création biblique s'inscrit bien dans l'idée de « livrer passage » : elle met de la distance entre ce qui était confondu, elle met de l'altérité au sein de l'humain, elle fait de la créature un créateur. Dans chacun de ces textes, il est question de relation : entre les différents éléments de la nature, entre l'homme et la femme, entre l'homme et la nature. La création de la Bible est bien plus une affaire de relation que de fabrication. Comme si l'acte créateur consistait surtout à rendre possible la relation plutôt qu'à fabriquer l'inexistant.

CHAPITRE 3

L'économie, un lieu de relation

Créer, c'est livrer passage pour que le radicalement nouveau puisse émerger. Et la nouveauté ne se réduit pas à de l'innovation matérielle. Elle est surtout de nature relationnelle. Pour récupérer la vocation créatrice de l'économie, il faut retrouver sa fonction de mise en relation, c'est-à-dire sa capacité médiatrice.

Passeurs de vie, passeurs de sens

Pour traverser le vide, il faut des passeurs. Pour passer d'une rive à l'autre, il faut des passeurs. Pour traverser les frontières, il faut des passeurs.

Il y a le passeur qui s'approprie le rêve du passager : celui qui aide les immigrés, rêvant d'une vie meilleure dans un autre pays, à traverser les frontières souvent dans des conditions inhumaines et en leur demandant des sommes d'argent faramineuses. Mais il y a aussi le passeur qui libère et rend possible le rêve du passager : l'enseignant qui libère l'imagination de son étudiant. Il y a le passeur qui coupe les ailes et le passeur qui en donne.

C'est de ce passeur que je voudrais parler, celui qui permet de s'envoler. Nous sommes tous des passagers dans la vie, même si nous n'avons jamais quitté notre pays. La vie même est un perpétuel voyage, voyage entre nos différents lieux d'appartenance, voyage entre les différents âges et étapes de notre vie, voyage entre nos illusions et la vie concrète au quotidien. Et pour tous ces passages, nous bénéficions de l'aide de passeurs.

Le passeur n'est pas un guide qui indique le chemin à suivre. Non, le passeur est quelqu'un qui met en lien, qui ouvre le chemin, qui dit que la traversée est possible, qu'on peut y aller. Quelqu'un qui accompagne à partir de sa propre traversée, non pour qu'on l'imite, mais pour nous donner l'envie et la force de faire notre propre traversée. Le passeur est comme un conteur d'histoires, des histoires qui ne sont ni ne seront jamais les nôtres mais qui nous donnent les mots pour esquisser un nouveau possible et la confiance pour partir à sa rencontre.

Je voudrais évoquer ici deux passeurs du

voyage de ma vie, que je nommerai seulement en note de bas de page[1], car ce n'est pas leur singularité que je veux souligner ici, mais ce qu'ils ont rendu possible dans l'avènement de ma propre singularité. Le passeur est celui qui aide à se dé-placer : son effacement est le signe de son accomplissement, sa disparition est le signe de sa réussite.

Ces deux passeurs n'ont pas été des modèles à imiter mais des révélateurs du sens de ma propre vie. Chacun d'eux a été exceptionnel dans son domaine, mais c'est ce que leur exceptionnalité a suscité en moi qui fait d'eux des passeurs de vie. Je les ai rencontrés à des endroits différents de mon chemin. L'un en Uruguay, pendant que la contradiction entre l'économie que j'avais étudiée et la réalité sociale dans laquelle je m'engageais atteignait sa tension maximale. L'autre en France, pendant qu'à travers mon travail de thèse, j'essayais de construire une nouvelle cohérence entre ces expériences contraires et fondatrices qui m'habitaient. Ce que chacun d'eux m'a

1. Il s'agit de Juan-Luis Segundo, théologien uruguayen, et Renaud Sainsaulieu, sociologue français : deux hommes remarquables, que j'ai eu le privilège de croiser sur mon chemin.

donné à vivre me permet d'identifier quelques traits du passeur de vie.

Le passeur est un *libérateur*, comme le soldat qui libère une ville occupée, ou le juge qui libère un prisonnier. Il ouvre les portes, tout en sachant que le plus important n'est pas l'ouverture en soi, mais ce qu'elle rendra possible. J'ai été libérée par mes passeurs : ils ont libéré mon envie de vivre et mes capacités. Ils m'ont mise en distance par rapport à moi-même, ils m'ont introduite dans un autre univers, sans prétendre m'embrigader. Ils ont ouvert des portes dans mes murs sécurisants mais également isolants. Ils m'ont poussée ailleurs, un ailleurs qu'ils ne connaissaient pas plus que moi, car c'était un ailleurs à construire. L'ailleurs de la pratique pour faire avancer la théorie et l'ailleurs de la théorie pour plonger dans la pratique. L'ailleurs qui permet à chacun de se décentrer pour mieux retrouver le centre. Ils m'ont poussée hors de mes certitudes et de mes repères et m'ont fait comprendre qu'il faut commencer par quitter pour se retrouver.

Le passeur est un *maître à penser*. Il n'est pas nécessaire d'être un intellectuel pour penser et pour avoir sa propre pensée. Toute personne a la capacité de penser le monde qui l'entoure et le chemin à faire. Simplement, certains le font de manière plus systématique et consciente. Mais chacun développe au long de sa vie une pensée propre. S'il ne le fait pas, il n'est qu'une marionnette. Mes passeurs ont libéré ma pensée, mais de manière très différente. L'un, en me dévoilant le labyrinthe de sa pensée, en me permettant de partager ses découvertes et ses impasses, en m'invitant à traverser ses avancées et ses reculs. L'autre, en me faisant le *feed back* de ma propre pensée, comme le fronton de la pelote basque qui renvoie la balle qu'on a lancée mais par un autre chemin et avec une énergie renouvelée. Le passeur est toujours comme un miroir qui, par son propre chemin, ou par réaction à notre chemin, nous renvoie une image nouvelle de nous-même.

Le passeur est un *guetteur d'aube*. Quand on est au milieu de la nuit et que l'horizon semble complètement bouché, on a besoin du guetteur d'aube : celui qui, au milieu de l'obscurité, parvient à discerner l'annonce d'une lueur, quand personne ne la voit. Mes passeurs ont élargi mon horizon, et m'ont aidée à voir l'invisible. Ils ont été des révélateurs, non d'une vérité toute faite, ni de leur vérité, mais des révélateurs de ma vérité, celle que chaque personne construit tout au long de sa vie, celle qui fait sens dans son propre chemin.

Passeurs de vie, passeurs de sens, ils confirment

que la vie est un passage et que nous avons besoin des autres pour le traverser. Passeurs de vie, passeurs de sens, qui permettent à chacun de livrer passage, d'être créateurs d'à-venir. Et l'économie joue dans cette même cour de passerelles qui se croisent et se multiplient en permanence. L'économie n'est pas étrangère à ce monde de passage et des passeurs. Au contraire, c'est sa nature même que de passer et laisser passer.

De fait, on associe souvent l'économie à l'injonction « laissez faire, laissez passer ». Cette expression renvoie au libéralisme économique, pensé habituellement comme une économie régulée par le seul marché et sans intervention publique. C'est-à-dire une économie où la circulation des biens est régulée par leur offre et leur demande et non par l'administration publique. Je dirais pourtant que cette préconisation de « laissez passer » renvoie aux relations humaines plus qu'à la gestion des biens. Pour le démontrer, je ferai appel à Adam Smith, souvent considéré comme le père du libéralisme économique, accusé à tort de défendre une économie sans contrôle et un *homo œconomicus* identifié par son seul égoïsme. Adam Smith a pensé l'organisation de la société à partir du marché, mais, contrairement à ce que l'on dit d'habitude, le marché n'était pas pour lui le moyen de préserver l'indépendance de chaque personne, mais celui de compléter l'incomplétude de chaque humain, c'est-à-dire de créer de l'interdépendance.

Passer de l'indépendance à l'interdépendance

Le marché répond souvent à la représentation d'un lieu anonyme, sans âme et sans chair, où chaque acteur est réduit à son seul intérêt, lequel se trouve toujours opposé à celui des autres. Sous-jacente à cette image du marché, il y a celle de l'humain, comme un être autosuffisant, définissant lui-même ses besoins et ses préférences, et qui échange avec les autres ce qu'il ne peut pas produire tout seul. Ces images du marché et de l'acteur économique ne sont pas celles forgées par Adam Smith. L'expression de la « main invisible » avancée par Adam Smith, et largement utilisée aujourd'hui pour parler de l'auto-organisation opérée par le marché, a renforcé cette image du marché déshumanisé, devenu très vite inhumain, car sans direction, ou pis encore, dirigé par une sorte de force diabolique. Je voudrais rendre justice à la pensée d'Adam Smith, et ce faisant réhabiliter une dimension propre de l'économie, qui est à l'opposé de cette image d'un monde régi par la cupidité personnelle et régulé par la seule rivalité.

Dans l'univers d'Adam Smith, il y a bien de la place pour les intérêts individuels et la rivalité entre les humains, mais son anthropologie ne se réduit pas à cela. Son approche prend très au sérieux la complexité de la nature humaine et des relations sociales. Et je dirai sans hésitation que l'homme smithien est un passeur de vie et un passeur de sens. Son univers est construit autour d'une notion qui renvoie tout de suite à la dimension relationnelle de l'humain : la sympathie. Elle constitue une sorte de passerelle par laquelle les hommes communiquent et se passent, les uns aux autres, de la vie et du sens. Dans l'univers smithien, la sympathie constitue un opérateur social et éthique. Et c'est à l'intérieur de cet univers que l'économie prend place.

L'homme smithien comme un homo passens[1]

La notion de sympathie est au centre du premier ouvrage d'Adam Smith intitulé la *Théorie*

1. Le mot *passens* n'existe pas en latin mais je le propose par résonance phonétique avec *homo sapiens* et comme alternative à l'*homo œconomicus* pour souligner le rôle de « passeur » associé à l'acteur économique.

des sentiments moraux et publié en 1759[1]. L'intérêt individuel, confondu avec l'égoïsme, à cause d'une mauvaise traduction de la notion de *self love*, est au centre de son deuxième ouvrage, bien plus connu, et référence majeure pour les économistes, intitulé *Recherche sur la nature et les causes de la richesse des nations*, publié en 1776[2]. Ces deux concepts, la sympathie et le *self love*, ont été pris comme des contraires et interprétés comme des principes qui régulent les relations humaines dans deux domaines bien différenciés, le premier dans le monde social et moral, et le second dans le monde économique[3]. Or des lectures postérieures de l'œuvre d'Adam Smith ont défendu la thèse inverse, selon laquelle le *self love* ne s'oppose pas à la sympathie, mais en est une modalité[4]. C'est la thèse que nous retenons ici, car elle permet de penser l'ordre économique,

1. Adam Smith, *Théorie des sentiments moraux* (1759), Guillaumin et Cie, 1860.

2. Adam Smith, *Recherche sur la nature et les causes de la richesse des nations* (1776), Gallimard, 1976.

3. Voir notamment Louis Dumont, *Homo aequalis* I, *Genèse et épanouissement de l'idéologie économique*, Gallimard, 1977.

4. Voir notamment Jean-Pierre Dupuy, *Le Sacrifice et l'Envie. Le libéralisme aux prises avec la justice sociale*, Calmann-Lévy, 1992.

non comme indépendant de l'ordre social, mais au contraire comme en faisant partie. À travers cette lecture qui articule, au lieu d'opposer, les deux ouvrages majeurs d'Adam Smith, l'économie apparaît comme permettant de penser l'émergence et la constitution du social.

La notion de « sympathie » chez Adam Smith s'inscrit dans la tradition philosophique appelée « sentimentaliste » qui se développe en Écosse et en Angleterre au XVIIIe siècle. Dans la lignée de Hutcheson et de Hume, Adam Smith fonde le jugement moral et la vertu sur les sentiments et non sur la raison (comme Aristote) ; il affirme une disposition naturelle de l'homme à la compassion et non à l'égoïsme (comme Hobbes). Le premier chapitre de la *Théorie des sentiments moraux*, intitulé « De la sympathie », montre, à travers plusieurs exemples, l'inclination naturelle de tout homme, y compris le plus vertueux ou le plus scélérat, à se laisser toucher par le malheur ou le bonheur éprouvé par autrui. C'est ainsi qu'il affirme qu'on peut employer le mot « sympathie » pour « exprimer la faculté de partager les passions des autres quelles qu'elles soient ». Mais ce partage des passions ne suppose pas une communication directe des émotions. Au contraire, c'est un mécanisme complexe qui s'active dans cette transmission de sentiments, qui présuppose une séparation radicale des êtres, palliée par le travail de l'imagination.

Selon Adam Smith, chaque être est enfermé dans le monde de sa propre sensibilité, mais devant le spectacle du bonheur ou du malheur d'autrui, chacun s'imagine ce que l'autre ressent en pareille situation. Donc, la sympathie ne naît pas automatiquement en quelqu'un lorsqu'il regarde la douleur ou le bonheur de l'autre, mais seulement parce qu'il s'imagine lui-même dans la situation qui provoque chez l'autre ces sentiments. Ce travail d'imagination permet à celui qui compatit à la souffrance de l'autre de s'identifier à ce dernier tout en restant séparé de lui. L'imagination le rend proche de la situation de l'autre, mais ce sont ses propres émotions qu'il ressent et non pas celles de l'autre. La sympathie vise à abolir la séparation entre le Moi et l'Autre, mais il y a toujours une distance irréductible qu'elle n'arrive pas à dissoudre. Malgré cette distance infranchissable, le sujet smithien cherche constamment à sympathiser avec l'autre, ce qui conduit Jean-Pierre Dupuy à affirmer que le sujet smithien est radicalement incomplet[1].

L'imagination permet au sujet de se mettre à la place de l'autre et de s'identifier à lui. En pensée,

1. Jean-Pierre Dupuy, *Le Sacrifice et l'Envie*, *op. cit.*

il devient l'autre. Même si cette identification est toujours partielle, car il sait que c'est toujours en imagination qu'il devient l'autre, il cherche constamment à éprouver ce que l'autre ressent. Le sujet smithien a désespérément besoin de ses semblables pour se forger une identité, d'où ses tentatives de partager non seulement les situations de la vie, mais aussi les rôles et même les caractères des autres individus. En effet, il frissonne en voyant le malheureux souffrir, il danse en contemplant le danseur de corde, il partage le succès du héros, il épouse son ressentiment contre le traître qui le trompe. Par le transport de l'imagination, il devient l'autre, il se substitue à l'autre, il ne fait plus qu'un avec l'autre. On est bien loin de l'*homo œconomicus* autosuffisant et indépendant. On est plus proche d'un *homo passens*, passeur de sentiments, passeur d'émotions, et donc passeur de vie. Et comme un bon passeur, l'homme smithien n'occupe jamais la place de l'autre, il communique, il transmet, mais il ne s'y substitue pas. L'homme smithien est un homme de relation, identifié par sa mise en relation.

La sympathie apparaît ainsi, dans l'univers d'Adam Smith, comme un opérateur qui met en relation les personnes : un régulateur éthique et un opérateur social. Un *régulateur éthique*, car Adam Smith imagine la société comme un grand théâtre, où chacun va prendre à la fois la place de l'acteur et celle du spectateur. Ce dernier va regarder les autres comme des acteurs et il va approuver ou désapprouver leurs actes en fonction de la sympathie, c'est-à-dire de la coïncidence des sentiments qu'ils produisent chez lui. De ce fait, la sympathie devient le fondement du jugement moral. Or cette sympathie que le spectateur éprouve à l'égard de l'acteur sera redoublée par la sympathie que l'acteur éprouve à l'égard du spectateur qui sympathise avec lui. Et puisque l'acteur aime bien sentir la sympathie du spectateur, il cherchera à la provoquer, en se mettant à la place du spectateur qui lui-même se met à la place de l'acteur, en un jeu de miroir porté à l'infini. Adam Smith parle alors du « plaisir de la sympathie réciproque ». Entre acteur et spectateur, la distance est irréductible, mais la sympathie réciproque permet de la réduire et de rapprocher leurs sentiments et leurs jugements. La sympathie apparaît ainsi, selon Jean-Pierre Dupuy, comme un « autorégulateur éthique » : elle accroît l'harmonie sociale en même temps qu'elle s'accroît elle-même[1].

La sympathie, prise comme régulateur éthique, fait également du spectateur un juge : il incarne les

1. *Ibid.*, p. 89.

normes sociales auxquelles se confronte l'acteur. Mais il ne faut pas, de ce fait, le confondre avec un être idéal, même s'il est souvent qualifié par Smith d'« impartial ». En effet, ce spectateur-juge n'accède pas à des normes transcendantes que l'homme ordinaire ne pourrait pas connaître : il incarne des normes qui sont des productions sociales. Or le spectateur-juge prend deux formes différentes : le *man without*, représenté par l'opinion publique, et le *man within*, identifié à la conscience de l'acteur. Leurs jugements peuvent différer, car on peut recevoir des louanges non méritées, ou être inculpé d'un crime qu'on n'a pas commis. Dans ces cas, le tribunal de la conscience doit l'emporter sur celui de l'opinion publique. Pourtant, quand la conscience ne sait pas quoi dire, ou qu'elle doute, c'est l'opinion des autres qui emporte le jugement. Mais autant l'opinion publique que la conscience s'enracinent dans l'opinion d'autrui, car la conscience de chacun se construit à partir de sa capacité de se mettre à la place des autres pour juger sa propre conduite : « Une sorte de moyenne qui émerge des expériences que tous font quotidiennement de la vie en société[1]. » Cette norme, en apparence transcendante, est une construction sociale. Adam Smith

1. *Ibid.*, p. 91.

explique ainsi, à travers la sympathie, comment un ordre social produit ses propres normes d'évaluation. La sympathie constitue à la fois un *opérateur de société* et un régulateur éthique.

L'homme smithien peut donc être considéré comme un *homo passens* : il fait circuler les sentiments sur lesquels se fondent les jugements. À travers ces passages se construisent à la fois la cohésion sociale, car les sentiments se rapprochent, et la norme qui permet aux individus de vivre ensemble. À travers l'opérateur de la sympathie, chaque personne devient passeur pour les autres et la société dans son ensemble devient passeur de norme pour chacun.

Quelle place occupe alors l'économie dans cette société régulée par la sympathie ?

*De l'*homo passens *à l'*homo œconomicus

La sympathie produit l'accord de sentiments et de jugements, et de ce fait assure l'harmonie sociale. Pourtant, l'harmonie n'est pas toujours garantie, du fait que le jugement du *man within* (la conscience) et celui du *man without* (l'opinion publique) peuvent diverger. Tandis que le spectateur impartial de la conscience sympathise toujours avec le comportement vertueux, le spectateur réel est plutôt attiré par la grandeur et la richesse de l'acteur. Cette discordance a posé un problème pour Adam Smith ; la preuve en est qu'il a ajouté un chapitre à la sixième édition de la *Théorie des sentiments moraux* bien après la publication de la *Recherche sur la nature et les causes de la richesse des nations*, qui porte sur « la corruption de nos sentiments moraux, résultant de notre disposition à admirer les riches et les grands, et à mépriser ou à négliger les personnes pauvres et misérables[1] ». Ce problème met directement en scène, dans la *Théorie des sentiments moraux*, l'activité économique et le *self love*.

L'intérêt pour la richesse chez Smith n'est pas associé à son utilité mais à la sympathie qu'elle peut attirer. L'accumulation de la richesse apparaît clairement comme un moyen d'obtenir le rapprochement et l'approbation du *man without*, car celui-ci admire la richesse plutôt que la sagesse et la vertu, et méprise la pauvreté plutôt que le vice. « Où est le véhicule de la passion commune à toutes les vies humaines qui est d'améliorer sans cesse la situation où l'on se trouve ? C'est d'être remarqué, d'être considéré, d'être regardé avec approbation, avec applaudissement, avec sympathie, et d'obtenir

1. Adam Smith, *Théorie des sentiments moraux*, *op. cit.*, p. 11.

tous les avantages qui suivent ces divers sentiments[1]. »

L'acteur va ainsi chercher la sympathie d'autrui à travers ces deux formes de conduite : la sagesse et la vertu, qui procurent l'approbation de la conscience (le *man within*), et l'accumulation de richesses, qui assure l'approbation de l'opinion publique (le *man without*). Chacun de ces comportements répond à une modalité de *self love*, c'est-à-dire à une forme d'amour de soi. De ce fait, on conclut que le *self love* associé à l'accumulation des richesses ne s'oppose pas à la sympathie, mais qu'il en est une modalité, car c'est l'un des moyens utilisés par le sujet pour attirer la sympathie de ses semblables.

Le problème c'est que la richesse accumulée attire la sympathie d'autrui mais produit également son contraire : l'envie. Le riche devient à la fois le modèle à imiter et le rival à écarter. Sa richesse suscite à la fois de la sympathie et le désir de se l'approprier. De ce fait, l'envie s'oppose à la sympathie, car elle fait obstacle à l'accord des sentiments. Le *self love* associé à l'accumulation de richesses produit donc chez autrui deux effets contraires : de la sympathie et de l'envie, de

1. Adam Smith, *Théorie des sentiments moraux*, *op. cit.*, p. 54.

l'approbation et de la désapprobation. La sympathie est ainsi comme une monnaie à double face : l'une rapproche et l'autre sépare, l'une rassemble et l'autre oppose, l'une institue l'ordre social, l'autre corrompt les sentiments vertueux. La sympathie « contient » l'envie dans le double sens du verbe contenir : elle la recèle et elle lui fait barrage.

De ce fait, l'*homo passens* smithien peut communiquer de la sympathie et en même temps de l'envie : il peut donc tout à la fois créer de l'harmonie et la détruire. Chez Smith, on ne peut isoler l'intérêt économique des autres dimensions humaines. Au contraire, l'intérêt pour la richesse s'explique à l'intérieur de sa conception de l'humain et de la société, toujours axée sur la sympathie. Or Smith constate également que la sympathie peut autant rapprocher que mettre en rivalité. L'*homo œconomicus*, chez Smith, n'est pas un être autosuffisant, qui définit tout seul ses besoins et ses préférences et qui entre en concurrence avec autrui pour obtenir ce qu'il lui manque. Il est traversé par l'ambivalence de la sympathie : il veut imiter les autres et en même temps s'emparer de ce qu'ils ont. Le « passeur » smithien n'est pas affranchi de la contradiction, bien au contraire, il en est à jongler en permanence entre deux désirs opposés.

Avec Adam Smith, on voit donc que l'économie est enracinée dans le social, qu'elle ne peut pas être comprise en dehors des logiques qui la constituent, et qu'elle met surtout en scène toute la contradiction de l'être humain qui, devant autrui, se situe à la fois comme modèle et comme rival. L'acteur économique est par excellence un « passeur », un homme en relation, toujours en proie à deux sentiments contraires : la sympathie et l'envie. L'économie est bien une histoire de passage, mais un passage qui peut produire le meilleur et le pire.

Comment faire alors pour que, dans la médiation économique, la sympathie l'emporte sur l'envie et l'harmonie sur la rivalité ? Comment faire pour que l'économie devienne un lieu où se tisse l'interdépendance plutôt qu'un moyen de devenir indépendant ? L'économie solidaire nous aide aujourd'hui à retrouver ce principe premier de l'économie, conçue comme lieu de médiation sociale plutôt que simple moyen d'accéder aux biens nécessaires pour vivre. Elle nous permet de retrouver en ce sens l'*homo passens* smithien au cœur même de l'économie de marché.

L'économie solidaire, un lieu pour apprendre l'interdépendance

Le terme d'économie solidaire est utilisé pour désigner des pratiques très différentes comme le commerce équitable, la finance éthique, le microcrédit, le tourisme solidaire, l'agriculture durable, les réseaux d'échange de savoirs, les services de proximité, les régies de quartier, les différentes formes entrepreneuriales collectives. Cette diversité rend sa définition difficile ; pourtant, s'il y a une chose qui rassemble ces différentes pratiques, c'est bien la recherche d'un lien nouveau entre économique et social[1].

En fait, l'économie solidaire déplace la notion habituelle de « social », souvent liée aux besoins de base de la personne (santé, alimentation, éducation, logement, etc.), vers une dimension plus existentielle et intégrale : celle de la qualité relationnelle de la vie. Dans toutes les pratiques de l'économie solidaire, la proximité et le type de lien

1. Cette réflexion autour du lien nouveau entre économique et social développe une idée déjà présentée dans : Elena Lasida, « L'économie solidaire, un nouveau regard », in *Nouvelles solidarités, nouvelle société*, Semaines sociales de France, Bayard, 2009.

tissé à travers l'activité économique sont les premières dimensions à prendre en compte. De ce fait, le social n'apparaît pas comme une contrainte supplémentaire à ajouter à l'économie, mais plutôt comme une manière différente de penser la place et la finalité de l'économie dans la société. L'économie apparaît ainsi comme un facteur de médiation sociale et un facteur de construction de société plutôt que comme un moyen de satisfaction de besoins et d'enrichissement personnel. La dimension sociale de l'économie solidaire est d'ordre « sociétal » : elle relève surtout de la manière de vivre ensemble et de faire société. L'économie solidaire déplace ainsi la représentation classique de l'économie, du social, et de leur articulation. On retrouve de cette manière, à travers l'économie solidaire, la conception et la fonction attribuées à l'économie par Adam Smith : une économie ne peut pas être comprise en dehors des autres domaines de la vie en société, elle sert à tisser des liens avant même de satisfaire des besoins.

Cette représentation du lien entre économique et social véhiculée par l'économie solidaire se traduit par une sorte d'inversion dans les relations classiques entre les acteurs économiques. Là où la finalité était surtout déterminée par l'indépendance et la maximisation de l'intérêt individuel de chaque acteur, on observe plutôt la recherche d'interdépendance et d'appartenance commune. C'est ainsi que le consommateur va chercher, plutôt que le produit le moins cher, celui qui permet à un petit producteur de ne pas rester exclu du marché. C'est le cas du commerce équitable et des AMAP (Associations pour le maintien de l'agriculture paysanne). Dans le commerce équitable, le consommateur choisit un bien non seulement en fonction de sa qualité et de son prix, mais également en fonction de la qualité de vie et de la rémunération que ce bien garantit à son producteur. Son choix ne se fait pas en fonction de ses seuls intérêts mais également en fonction de ceux du producteur. Dans les AMAP, le consommateur choisit son bien parce qu'il est produit localement, par des producteurs dont il peut faire la connaissance. Par ce biais, il établit un partenariat avec des producteurs et d'autres consommateurs, ce qui permettra également de créer des liens de proximité. Aujourd'hui, les produits du commerce équitable sont largement accessibles aux consommateurs, grâce notamment au label Max Havelaar qui permet de les identifier et de les commercialiser même en grande surface. Une autre filière existe à travers des magasins exclusifs de produits équitables, comme c'est le cas du réseau Artisans du monde : une démarche plus sélective mais également plus cohérente, car du début jusqu'à la fin de la chaîne les principes d'équité sont respectés. Quant aux AMAP, elles se sont beaucoup développées et multipliées, même au niveau des grandes villes. On estime qu'il existe une centaine de groupes dans la seule région Île-de-France. Un site national a été mis en place qui permet aussi bien de trouver l'AMAP la plus proche de chez soi que de la créer, en liaison souvent avec des « couveuses » qui aident le développement de nouveaux projets et accompagnent également l'installation de producteurs maraîchers. Dans le cas du commerce équitable comme dans celui de l'AMAP, le choix de consommation devient un choix politique en ce sens qu'il sert non seulement l'intérêt individuel du consommateur, mais aussi un intérêt collectif. À travers son acte de consommation, le consommateur fait un choix de société. On le dit souvent, le consommateur devient « consomm'acteur ». Autrement dit, la consommation devient un acte citoyen, c'est-à-dire une manière de participer à la vie de la cité, autant locale que mondiale. De ce fait, entre consommateur et producteur se crée une sorte d'interdépendance, ils deviennent co-producteurs.

Ce qui est décrit au niveau du commerce peut se retrouver également au niveau de la finance solidaire, où l'épargnant cherche à placer son argent non seulement en fonction de l'intérêt obtenu, mais aussi et surtout en fonction de la manière dont son épargne est utilisée. Soit parce qu'il accepte de partager une partie du bénéfice généré par son épargne avec une activité à utilité sociale (par exemple une entreprise d'insertion, une association d'aide au logement ou une organisation de solidarité internationale), soit parce qu'il investit directement son argent dans ces activités, l'épargnant devient partenaire de celui qui utilise son épargne. Les produits d'épargne solidaire se sont également beaucoup développés ces dernières années. Comme pour le commerce équitable, un label existe qui permet de les identifier et de les proposer même dans des banques commerciales classiques. Le label Finansol est ainsi attribué aux produits d'épargne répondant à des critères de solidarité. Selon le baromètre publié chaque année par Finansol, l'épargne solidaire connaît une hausse permanente et croissante qui a été de 47 % en 2009 par rapport à 2008. Par ailleurs, tous les deux ans, *Alternatives économiques* publie un guide pratique sur les placements solidaires[1]. Le choix de placement financier devient ainsi, comme le choix de consommation, un acte politique : il permet de construire une certaine forme

1. « Les placements solidaires », *Alternatives économiques*, hors série poche n° 45, septembre 2010.

de société, en finançant des activités qui ont une finalité sociale. La finance solidaire crée de l'interdépendance entre épargnant et investisseur.

À travers ces exemples, on perçoit pourquoi l'économie solidaire constitue une autre manière de penser le lien entre l'économique et le social : les actes de consommation ou d'épargne considérés comme des actes « politiques » montrent que l'économie n'est pas seulement un moyen de subvenir aux besoins de chacun, elle est surtout une manière de construire la société. En ce sens, l'économie solidaire met à nouveau en valeur la dimension de « passeur » de l'acteur économique. Plutôt que de séparer consommateur et producteur, épargnant et investisseur, elle les associe, les rend interdépendants. L'*homo œconomicus* devient ainsi un véritable acteur social, un passeur de sens et un passeur de vie.

Pourtant, il ne s'agit pas d'être naïf et de penser que l'économie solidaire transforme automatiquement le concurrent en partenaire. L'acteur de l'économie solidaire, comme l'homme smithien, est traversé par la contradiction entre sympathie et envie, entre proximité et rivalité. L'économie solidaire ne prétend pas résoudre cette contradiction, mais elle la met en jeu : elle révèle surtout qu'entre la dimension économique et la dimension sociale, il n'y a pas indépendance mais une totale interdépendance et que, si l'interdépendance ne garantit pas automatiquement l'harmonie sociale, elle la rend possible.

Comment créer les conditions pour que cette interdépendance génère de l'harmonie plutôt que la guerre de tous contre tous ? Comment faire pour que la relation créée fasse circuler de la sympathie plutôt que la seule envie ? Pour y répondre, il faut entrer dans le cœur de la relation elle-même. La sociologie et la psychologie peuvent devenir en ce sens une aide précieuse, comme tout récit qui parle de l'humain et de sa mise en relation. Nous ferons ainsi appel à un récit biblique qui met en scène l'épaisseur de la relation humaine.

La visitation, ou quand l'interdépendance devient rencontre

Nous parlerons d'une forme particulière de relation, qui donne à voir des conditions pour que la sympathie l'emporte sur l'envie. Il s'agit d'une relation où la rencontre prend la forme de « visitation ».

Dans l'histoire biblique, la visitation est le récit de la rencontre entre deux femmes, Marie et Élisabeth, toutes deux enceintes : Marie, du futur

Jésus, et Élisabeth, du futur Jean-Baptiste (Lc 1, 39-56). Cette rencontre fait bondir de joie l'enfant dans le ventre d'Élisabeth, et pousse celle-ci à bénir l'enfant porté par Marie. Et Marie répond à cette bénédiction par ce beau chant d'émerveillement qu'est le *Magnificat*. Ce récit de la visitation est celui d'une rencontre qui touche chacune des protagonistes au plus profond d'elle-même, en faisant vibrer ses entrailles. Une rencontre qui met en valeur ce que chacune des femmes porte de plus précieux dans son corps. Une rencontre qui permet à chacune de reconnaître et de bénir la vie qui l'habite. Une rencontre qui révèle à chacune le trésor que l'une et l'autre portent.

La visitation apparaît ainsi comme une rencontre qui rapproche sans fusionner car chacune des deux femmes se sent reconnue par l'autre dans ce qu'elle a d'unique et de précieux : son ventre habité. Qu'est-ce qui transforme cette rencontre en visitation ? Autrement dit, qu'est-ce qui circule entre ces deux femmes pour que l'on puisse parler de visitation ? Voici ce que je vois circuler entre elles : de la vibration physique, de l'attente et de la reconnaissance réciproque.

La visitation, un courant qui passe

La rencontre entre ces deux femmes est avant tout une histoire d'entrailles : ce sont leurs ventres qui se mettent à vibrer en sentant chacune la proximité de l'autre. Avant qu'aucune parole ne soit dite, c'est le corps qui s'exprime. Et l'on sent au cours du récit comme un courant qui circule entre les deux femmes, de ventre à ventre. Un courant qui suscite ensuite de la part de l'une et de l'autre des paroles de bénédiction et d'émerveillement. Et pourtant, chacune portait un secret qui pouvait être très mal perçu par l'autre : l'une engendrait en pleine vieillesse, l'autre sans être mariée. Chacune à sa manière était hors norme. Et sûrement, avant la rencontre, chacune craignait la réaction de l'autre. Fallait-il expliquer, justifier ? Et comment le faire ? Que dire ? Et voilà que ce sont les corps qui communiquent avant toute parole, comme si ce qui était existentiel se trouvait au-delà des paroles. La parole arrive après, pour reconnaître et célébrer. Mais la communication entre les deux femmes s'établit au niveau des entrailles et pas au niveau de la parole.

La visitation a donc besoin de faire vibrer l'un et l'autre. Elle se sent plus qu'elle ne se dit. Elle est de l'ordre de l'indicible et du non mesurable. Comme la sympathie smithienne, elle se déclenche par l'émotion plutôt que par la raison. Comme l'économie solidaire, elle a besoin de proximité et de lien. Et la visitation semble dire que cette émotion partagée, cette proximité physique, n'est pas une fragilité à dépasser mais qu'elle est, au contraire, la fragilité qui rend possible une véritable communion, car c'est seulement à ce niveau que circule l'essentiel.

La visitation : une attente qui dépasse

Les deux femmes sont en attente d'une naissance, pleine de mystère et d'inconnu. Étant donné les conditions de l'engendrement pour l'une et pour l'autre, il est logique qu'elles en aient peur. Mais elles y croient. Leurs ventres habités sont pour elles le signe d'une grâce, dont elles ne connaissent ni l'issue ni le résultat final, mais qu'elles ressentent comme une promesse de vie, pour chacune et pour autrui, comme le dit clairement le *Magnificat* chanté par Marie. Ainsi la visitation est-elle la rencontre de deux attentes, de deux corps qui ont accueilli l'inattendu.

La visitation appelle donc la croyance plutôt que la connaissance. Elle sollicite la capacité d'attente plutôt que celle d'anticipation. Elle relève de l'accueil de l'inconnu plutôt que de la concrétisation de ce qui avait été prévu. Elle est de l'ordre de la dé-maîtrise plutôt que de la maîtrise, de la création plutôt que de la fabrication. Comme l'harmonie chez Smith, elle n'est pas prévisible. Comme dans l'économie solidaire, le résultat final ne peut être totalement anticipé. Et la visitation semble encore nous dire que cette imprévisibilité n'est pas une faiblesse, mais bien au contraire la condition pour qu'il y ait du radicalement nouveau. La visitation ne se situe pas au niveau de l'échange calculé. Elle devient possible seulement si l'on a été capable d'accueillir l'inattendu.

La visitation : une reconnaissance qui surpasse

La vie de Marie et celle d'Élisabeth ont été troublées par l'arrivée de l'inattendu au sein même de leurs corps. Leurs grossesses n'étaient ni prévues ni attendues. Or le trouble se transforme en bénédiction. Si l'inattendu ouvre à l'arrivée de l'inconnu, sa reconnaissance, en soi-même et chez l'autre, le transforme en nouveau possible. L'inattendu dérange, déplace, perturbe. Si l'on essaye de le supprimer ou de le maîtriser, on fait avorter l'émergence du nouveau. Pour que l'inattendu devienne véritable nouveauté, il faut commencer par le reconnaître comme tel, même sans en connaître la forme, même sans en avoir la garantie. La visitation sollicite non pas la vérification, mais la confiance. Les paroles de bénédiction et d'émerveillement que ces deux femmes échangent manifestent reconnaissance et confiance réciproques.

L'acteur smithien fait confiance à l'évaluation du spectateur, car il ne connaît pas ce qui est bon ou mauvais pour lui, il est radicalement incomplet. Son incomplétude le pousse à chercher la sympathie de l'autre. Le consommateur de l'économie solidaire fait confiance au producteur, avant qu'il lui livre le produit ; l'épargnant de l'économie solidaire fait confiance à l'investisseur qui reçoit son argent avant qu'il en obtienne des résultats. L'incomplétude chez l'un, l'incertitude chez l'autre, font place à la confiance. La visitation nous dit que pour que la confiance naisse dans une relation, il faut que devant l'inconnu et l'imprévisible, on pose un acte de reconnaissance réciproque de la nouveauté portée par l'autre, même si elle ne se voit pas encore. On ne lui demande pas des garanties, on lui fait confiance, on le bénit et on célèbre la potentialité qui l'habite.

La visitation nous aide à penser les conditions pour que la relation devienne cette passerelle qui livre passage au meilleur de chacun, cette passerelle qui fait de chacun un passeur, passeur de sens, passeur de vie. La visitation nous révèle que la relation qui permet la création, c'est-à-dire l'émergence du radicalement nouveau, est celle qui fait circuler de la vibration plutôt que les seuls biens, de l'attente plutôt que la seule prévision, de la reconnaissance plutôt que la seule garantie. L'économie est un lieu de création, un lieu de passage, un lieu de relation. Or la relation y prend plus souvent la forme du contrat que celle de la visitation.

Dans le chapitre suivant, je creuse la relation contractuelle propre à l'économie pour la confronter avec une autre forme de relation, plus proche de la visitation que le contrat : celle de l'alliance.

CHAPITRE 4

L'économie, une alliance à tisser

Le type de relation le plus courant en économie est celui du contrat. Or le contrat ne produit pas de rencontre, il sollicite le calcul plutôt que la reconnaissance, la méfiance plutôt que la confiance, la stratégie plutôt que la coélaboration. Un autre type de relation peut faire place à la rencontre : c'est l'alliance. Je tenterai d'identifier ce que l'alliance rend possible en termes de relation économique.

Le collectif pensé sur le mode de l'alliance

L'économie est un lieu pour penser la constitution du collectif, car elle est par nature un lieu de mise en relation. Or le collectif peut prendre des formes différentes et fonctionner selon des logiques diverses. Le passage de l'individuel au collectif a souvent été associé en économie à l'« individualisme méthodologique », ce qui signifie que le collectif se réduit à la simple somme des comportements individuels. Pourtant, dans la réalité, on constate que le collectif ne répond pas toujours à cette opération de simple agrégation. Afin d'évoquer un exemple d'une autre logique collective, je fais référence à un travail d'élaboration collective dont le résultat n'a pas pris la forme d'une somme de contributions individuelles.

Il s'agit du travail réalisé à Justice et Paix-France autour du développement durable. Justice et Paix France est un service de l'Église catholique qui a pour vocation de faire entendre, dans les débats de notre temps, une voix qui soit à la fois pertinente et évangélique, et d'aider les chrétiens à rester vigilants et actifs sur les questions de justice et de paix internationales. Au sein de ce service, je m'occupe en particulier des questions qui concernent le développement et les relations Nord-Sud. Avec les autres personnes qui participent à ce chantier à l'intérieur de Justice et Paix-France, nous avons entrepris depuis plusieurs années une réflexion sur le développement durable qui a donné comme résultat la production et la publication de plusieurs livres et documents[1]. Les personnes qui parti-

1. Justice et Paix-France, *Notre mode de vie est-il durable ? Nouvel horizon de la responsabilité*, Karthala,

cipent à ce groupe viennent d'horizons différents, avec des compétences diverses : grâce à cette différence (je dis bien « grâce » et non pas « malgré »), nous avons pu faire l'expérience d'un véritable travail d'élaboration collective. Le résultat n'est pas une simple juxtaposition d'approches différentes mais, bien au contraire, un travail façonné et bâti ensemble. Et ce fut possible parce que chacun s'est laissé déplacer par les autres, chacun s'est désapproprié de son idée pour construire ensemble une idée commune. De ce fait, la forme avant même le contenu fut révélatrice du principal enjeu du développement durable : celui d'apprendre à faire un projet ensemble tout en ayant des intérêts différents, voire opposés. Mais, pour cela, il faut commencer par risquer une perte et par accepter de se laisser déplacer.

La production collective ne fut pas le résultat d'une simple accumulation de connaissances diverses mises les unes à côté des autres. Elle fut le résultat de leur mise en dialogue, et le dialogue a produit quelque chose de radicalement différent de ce que chacun de nous aurait produit tout seul. Cette production collective se

---

2005 ; *idem*, *Mobilité durable : bouger moins pour être plus présent*, 2007 ; *idem*, *Oser un nouveau développement. Au-delà de la croissance et de la décroissance*, Bayard, 2010.

différencie ainsi de celle que l'on retrouve le plus souvent dans le domaine intellectuel, où les ouvrages dits collectifs prennent la forme d'un rassemblement d'articles individuels, introduits par une présentation commune faite par le directeur de la publication. Dans ce type de travail, il y a souvent des échanges entre les auteurs individuels pour harmoniser et mettre de la cohérence entre les apports de chacun, mais cet échange ne va pas jusqu'à l'élaboration commune. Notre production collective est en revanche le résultat d'une écriture à plusieurs, où l'apport de chacun s'est mélangé avec celui d'autrui, au point qu'on ne peut plus l'isoler ni l'identifier. On pourrait donc dire que la pensée de chacun s'est « perdue » dans la masse. Pourtant, c'est cette « perte » qui a permis de créer de la place pour que le nouveau émerge, au niveau collectif, où la pensée finale est différente de celle de la somme de nos pensées individuelles, comme au niveau individuel, où chacun a vu sa pensée s'enrichir en intégrant celle des autres.

Cette expérience d'élaboration collective révèle à quel point le contenu est conditionné par la forme et le résultat par la manière d'y parvenir. Nous réfléchissions sur le développement durable et, en fait, sans en avoir l'intention, nous avons réalisé une expérience de développement durable. Cette expérience nous a révélé que le plus important à faire durer n'est pas tant nos acquis que notre capacité créatrice, et que, pour cela, il faut commencer par se laisser déplacer par les autres.

Cette forme d'élaboration collective qui ne se réduit pas à l'agrégation d'apports individuels, mais qui les met en dialogue et en dynamique de production commune, peut être qualifiée d'« alliance ». Dans l'alliance, le résultat final ne peut pas être attribué à quelqu'un en particulier, mais à tous en général. L'alliance est comme un puzzle où chaque pièce n'a de valeur et de signification qu'à l'intérieur de l'ensemble. L'alliance relève de la communion plutôt que du rassemblement : chacun se perd et se renforce à la fois en faisant corps avec les autres.

Ce type de collectif appelle également une nouvelle évaluation. Ce n'est pas le nombre de ses composants ni la quantité qui lui donnent de la valeur, mais le type de lien tissé et donc sa qualité. Pourtant l'évaluation collective reproduit en général les normes de l'évaluation individuelle. Ce sont l'efficacité et la quantité produite qui seront appréciées plutôt que les relations nouées. La valeur, encore une fois, est attribuée uniquement au résultat final plutôt qu'à la procédure employée. Penser le collectif sous forme d'alliance suppose donc de revisiter le fondement de ce qui donne de la valeur à l'action collective.

L'alliance et le contrat

La question de la constitution du collectif – « pourquoi les humains vivent-ils en société ? » – vient de très loin : des penseurs de disciplines différentes ont essayé d'y répondre. Elle a fait l'objet de beaucoup de théories, mais également de légendes, car on ne dispose pas d'archives sur la constitution de la première société humaine. Une philosophe espagnole, Adela Cortina, a identifié et comparé deux paraboles sur les liens humains qui ont conduit à vivre en société, et qui donnent à voir deux logiques différentes de constitution du collectif à partir des relations qui le sous-tendent : le contrat et l'alliance[1]. Je vais partir de ces deux modèles, qui me permettront ensuite de revenir sur la logique relationnelle sous-jacente à l'économie.

Adela Cortina prend, comme référence de ces deux logiques, deux textes classiques : le

1. Adela Cortina, *Alianza y contrato* (2001), Madrid, Editorial Trotta, 2005.

Léviathan de Thomas Hobbes et le livre de la Genèse dans la Bible. Le Léviathan est une figure fictive qui résulte du premier contrat social établi entre les humains, tel que Hobbes l'imagine. Dans le livre de la Genèse, Adela Cortina reprend le récit de la création de l'homme et de la femme qui constitue également une fiction sur l'origine de la nature humaine et sa mise en relation. Ce n'est pas la véracité historique de ces histoires qui importe, mais le fait qu'elles révèlent deux manières bien différentes de concevoir la nature humaine et son besoin de lien avec autrui. Il s'agit bien de paraboles et non pas de récits à prétention historique.

Le *Léviathan* raconte la naissance de la communauté politique comme un acte volontaire entre les humains. Le Léviathan est un « monstre », un homme artificiel, plus grand et plus robuste que le naturel, auquel les humains acceptent de se soumettre afin d'arriver à vivre ensemble sans s'entretuer. L'acte créateur prend ici la forme d'un *contrat* auquel les personnes d'une société souscrivent, et qui donne naissance au corps politique. La motivation qui est à l'origine de ce contrat réside dans la *peur*. La théorie de Hobbes est fondée sur l'idée que l'homme est par nature violent et rapace, cherchant toujours à s'emparer de ce que les autres possèdent.

C'est donc la peur réciproque qui pousse au contrat. Et la décision d'y souscrire est le résultat d'un *calcul* : chacun a plus à gagner qu'à perdre en signant ce pacte commun de non-agression. Enfin, le respect du contrat est fondé sur la *coercition*. L'obéissance aux lois et aux normes qui accompagnent le contrat et régulent dès lors la communauté politique est fondée sur la menace de punition en cas de non-respect. Bref, le contrat est le résultat d'un calcul, motivé par la peur que chacun a de l'autre, et qui utilise la force pour être respecté.

La Genèse raconte la création de l'homme et de la femme à partir d'autres bases que celles du *Léviathan*. L'homme est créé en premier, mais il n'est pas identifié comme tel. Il est considéré au début comme un « humain », un être appartenant à la nature humaine (*ha'adam*), mais sans que son sexe soit déterminé. Dieu constate alors la *solitude* de l'humain créé et décide de créer la femme. Or c'est à partir de la création de la femme que l'humain du début devient « homme » (*îsh*). La motivation de la mise en relation n'est pas la peur, comme dans le contrat de Hobbes, mais la solitude, voire l'*incomplétude* de l'humain. Non seulement l'homme sera identifié en tant que tel à partir de la création de la femme (l'identité de l'un se définit à partir de celle de l'autre), mais la femme est créée à partir d'un côté enlevé à l'humain, donc à partir d'une perte chez l'homme (la création de l'un est associée à la perte chez l'autre). L'acte créateur prend ici la forme d'une *alliance* entre l'homme et la femme, fondée sur la *reconnaissance réciproque* des partenaires plutôt que sur le calcul de l'intérêt de chacun. Adela Cortina va jusqu'à dire qu'on trouve ici l'origine d'un « personnalisme dialogique », car l'être humain doit prononcer le nom de l'autre être humain avant de connaître le sien propre, il doit dire « tu » avant de dire « je ». Sur ce point précis, il y a une différence par rapport à la lecture d'André Wénin, évoquée dans le chapitre 2. Pour Wénin, cette reconnaissance de l'homme à l'égard de la femme ne prend pas du tout la forme d'un dialogue, car il parle d'elle à la troisième personne (*celle-ci*) sans lui adresser directement la parole. Or, même sans dialogue, cette mise en relation de l'humain relève d'un fondement et d'une logique bien différents de ceux du contrat : ce n'est pas le calcul d'un intérêt réciproque fondé sur la peur de l'autre qui pousse à la relation, mais la reconnaissance d'une incomplétude commune, dont l'origine échappe à la volonté et à la maîtrise humaines. Si le contrat chez Hobbes est fondé sur la peur, le calcul et l'intérêt individuel, l'alliance biblique apparaît au contraire motivée par la solitude et fondée sur la reconnaissance réciproque et l'incomplétude de chacun.

Cette analyse du récit biblique rejoint, d'une certaine manière, l'expérience du collectif qu'on qualifiait ci-dessus également d'« alliance ». Deux ressemblances sont à souligner. D'une part, la désappropriation et le déplacement nécessaires pour arriver à élaborer ensemble sont à mettre en résonance avec la perte de l'humain qui rend possible la création d'un autre être. D'autre part, l'acceptation d'une certaine dé-maîtrise sur le résultat final qui permet l'émergence du radicalement nouveau est à associer à cette création humaine qui échappe aussi à la maîtrise humaine. Comme si l'alliance était une histoire de perte et de dé-maîtrise, à la différence du contrat qui se situe plutôt du côté de la maîtrise et de la sécurité.

Et si l'on revient à l'analyse de Cortina, une autre différence est à mettre en évidence. Le respect du contrat, nous disait-elle, est fondé sur la coercition et la force. Mais pour l'alliance, elle va évoquer plutôt la « compassion », comprise non comme condescendance mais comme capacité à partager avec l'autre une même passion (qui peut être joyeuse ou douloureuse) du fait de se reconnaître chacun comme partie de l'autre. De ce fait, si des aléas ou des difficultés non prévues surviennent, le contrat va être invalidé ou renégocié, tandis que l'alliance se voit en général renforcée. On peut ainsi dire que ce qui fait tenir l'alliance, ce n'est pas ce qui a été prévu et convenu d'avance, comme dans le contrat, mais plutôt l'accueil de l'imprévu. Ce qui garantit l'alliance, ce n'est pas la coercition et la force extérieure mais plutôt l'engagement intériorisé et inconditionnel. On retrouve en ce sens la valeur ajoutée de la procédure d'élaboration collective évoquée plus haut : le résultat final est d'autant plus valorisé qu'il dépasse ce qui était prévu individuellement par chacun des participants. Le collectif permet de faire place à l'imprévisible et de le valoriser.

Les deux paraboles citées pour expliquer l'origine de la communauté humaine révèlent deux logiques relationnelles, fondées sur deux anthropologies différentes, qui ne sont pas à opposer mais à penser de manière complémentaire. Dans l'humain, il y a à la fois de l'intérêt et de la passion, de la peur et de la sympathie, du calcul et de la reconnaissance. Et ces aspects différents sont mêlés au cœur de toute activité humaine. On pourrait associer le contrat à la constitution de la communauté politique, et l'alliance à la société civile. Pourtant, Adela Cortina signale clairement que les deux logiques sont présentes dans les deux types de collectif. De même, on pourrait croire que l'économie est uniquement du côté du contrat, parce qu'elle fait appel surtout à l'intérêt individuel, à la capacité de calcul et à la méfiance à l'égard d'autrui, et qu'elle est toujours du côté de la maîtrise et du prévisible. Nous montrerons, au contraire, qu'au sein même de la logique économique, on peut trouver de la passion, de la reconnaissance et de la confiance, et que le meilleur arrive quand elle fait place à la démaîtrise et à l'imprévisible. L'économie est sans doute un lieu de contrat, mais elle peut être aussi un lieu d'alliance.

L'économie entre la prévision des risques et l'accueil de l'imprévisible

Autour de l'idée de contrat, la théorie économique s'est totalement reconstruite, au point que l'économiste Olivier Favereau qualifie son introduction de « révolution scientifique[1] ». Cette révolution se produit à l'intérieur même de la

1. Olivier Favereau, « La science économique entre orthodoxie et hétérodoxie », *Problèmes économiques*, n° 2 734, 31 octobre 2001.

théorie néoclassique, considérée comme le courant dominant de la pensée économique. Révolution, car la référence centrale autour de laquelle ce courant s'est formé est celle de la « théorie de l'équilibre général ». Cette théorie est fondée sur deux hypothèses de base : la rationalité de l'acteur économique, selon laquelle l'individu fait des choix cohérents et les meilleurs possibles compte tenu de ses préférences et de ses contraintes ; et la coordination des décisions individuelles par un système de marchés interdépendants. Autrement dit, selon cette théorie, chaque individu prend ses décisions de manière isolée, indépendante d'autrui ; ensuite, le marché se charge de rendre ces décisions compatibles. Cette théorie va être l'objet de beaucoup de critiques, qui ne réussissent pas à la détrôner mais qui vont introduire un changement radical dans sa logique interne. Sa reconstruction se fait justement autour de la notion de contrat.

Or l'idée de contrat en économie renvoie moins à l'écrit formel visé par le droit qu'au principe d'un accord de volonté entre des agents supposés rationnels, c'est-à-dire cherchant à maximiser leur satisfaction. C'est donc la deuxième hypothèse de la théorie de l'équilibre général qui sera reformulée par l'idée de contrat. Le marché reste toujours le lieu central de coordination, mais la prise en compte des problèmes associés notamment à l'asymétrie d'information, c'est-à-dire au fait que les individus ne disposent pas tous de la même information et vont, dès lors, en profiter pour avoir des comportements opportunistes, conduit à introduire les relations contractuelles à l'intérieur même de la logique marchande. Olivier Favereau signale alors un changement de la catégorie fondamentale du raisonnement : la catégorie fondamentale n'est plus la marchandise mais le contrat ; autrement dit, ce n'est plus l'objet mais la relation. Désormais, la théorie économique dominante repose sur des modèles de relations optimales entre des individus attachés strictement à la poursuite de leur intérêt personnel. L'objet central d'attention n'est plus le rapport entre l'individu et la marchandise, mais la relation interindividuelle qui permet ensuite à chacun d'accéder aux marchandises.

Le contrat ainsi conçu au sein de la théorie économique se rapproche en partie du contrat chez Hobbes, en ce sens qu'il apparaît comme une manière de se préserver mutuellement de la tricherie à laquelle chacun est poussé du fait de sa cupidité personnelle. Chaque individu est considéré à la base comme une menace pour autrui du moment qu'il cherche avant tout à satisfaire son intérêt individuel, considéré toujours en rivalité avec l'intérêt d'autrui. Le contrat économique, de même que chez Hobbes, empêche les individus de s'entretuer. La différence, c'est que, chez Hobbes, le contrat conduit à se soumettre à une sorte de pouvoir surplombant – le Léviathan –, tandis que dans la théorie économique néoclassique, les relations contractuelles s'autorégulent sans avoir besoin de recourir à un pouvoir extérieur. Or le collectif qui en résulte, réduit à de l'interindividuel, et qui prend la forme d'une société de contractualisation tous azimuts, relève, comme la société régulée par le Léviathan, de la seule volonté humaine. Dans les deux cas, le collectif est le produit de l'intention humaine. Dans les deux cas, le contrat ne laisse aucune place à l'imprévisible, au contraire, il vise la maîtrise et le contrôle, et repose sur la prévision et le calcul.

Cette idée de contrat, devenue centrale dans la théorie économique dominante, va être pourtant contestée par différents courants critiques. Olivier Favereau souligne à ce propos une singularité exceptionnelle autour de laquelle se retrouve la constellation des théories hétérodoxes. Il précise que, pour la première fois dans l'histoire de la pensée économique, tous les courants critiques du courant dominant relèvent d'une philosophie commune de l'économie qu'il qualifie d'« institutionnaliste ». À la différence du contrat, l'institution introduit en économie la possibilité de penser le collectif autrement que sur le mode de la seule maîtrise et de penser les relations interindividuelles autrement que sur le mode de la seule préservation réciproque des risques. On va tenir compte de l'imprévisible et du non-intentionnel. On va penser la relation de méfiance mais également celle de confiance. On va faire place aux comportements opportunistes mais également aux relations de loyauté et d'obéissance. C'est ainsi que des courants comme la « théorie de la régulation » ou l'« économie des conventions » font place, dans l'analyse économique, à des comportements individuels ainsi qu'à des logiques collectives que la théorie dominante met à l'écart car considérés comme non économiques[1]. Ces courants sont certes marginaux et minoritaires, mais ils donnent à voir une autre approche possible de l'économie : une approche qui ouvre la porte à

1. Pour une présentation introductive à ces courants hétérodoxes, voir notamment : Robert Boyer, *Théorie de la régulation*, La Découverte, coll. « Repères », n° 395, 2004 et André Orléan (dir.), *Analyse économique des conventions*, PUF, 2004.

quelque chose d'inconcevable dans la logique de la pure contractualisation et qui pourrait se rapprocher de l'alliance.

L'idée de contrat a constitué une révolution à l'intérieur de la théorie économique car elle a instauré la relation comme catégorie centrale, à la place de l'objet. Mais un seul type de relation a été conçu, celle qui est motivée par l'intérêt individuel, fondée sur le calcul et visant à se préserver d'autrui. Or on pourrait imaginer d'autres types de relations à l'intérieur même de la logique économique. L'économie solidaire nous procure plusieurs illustrations de relations économiques « autres » que la relation contractuelle classique. Dans cette économie, l'on considère parfois que ce qui relève de la solidarité appartient au domaine extra-économique et constitue ainsi une « externalité ». Je pense au contraire que la dimension solidaire, dans les pratiques de l'économie solidaire, donne à voir une autre manière de concevoir la nature même de l'économie.

Pour illustrer de façon plus précise cette solidarité proprement économique, je m'appuie sur une étude réalisée dans le domaine de la finance solidaire qui essaye d'identifier les critères qui permettent de qualifier de « solidaire » un investissement financier[1]. À travers ces critères, on parvient à identifier la forme qu'une relation d'alliance peut prendre au sein même d'une relation de marché.

La finance solidaire est un secteur financier qui permet de mettre en relation des épargnants souhaitant investir dans des activités à forte utilité sociale et des porteurs de projets n'ayant pas suffisamment accès aux financements classiques. Nous avons déjà évoqué cette forte interdépendance entre épargnant et investisseur qui caractérise la finance solidaire. Nous verrons ici les différentes formes que l'investissement solidaire peut prendre : apport de capital-risque (l'épargnant prend une participation dans la propriété du projet), prêt-microcrédit (l'épargnant, par le biais du financeur, fait un prêt au porteur du projet), garantie (le financeur se porte garant du prêt octroyé au porteur du projet), foncier (le financeur facilite l'accès au logement ou à la terre). Dans ces différentes modalités d'investissement, on peut identifier des caractéristiques qui permettent de qualifier ledit investissement de solidaire.

1. L'étude est réalisée par Finansol, et ses premiers résultats ont été publiés dans le *Baromètre professionnel de la finance solidaire*, édition 2009.

L'une de ces caractéristiques est déterminée par la finalité du projet financé. L'investissement solidaire vise à financer des activités utiles à la cohésion sociale, à la lutte contre l'exclusion et au développement durable. L'utilité sociale du projet est donc essentielle, mais il est également important que ce soit une activité à la fois viable économiquement et comportant un risque financier ne lui permettant pas d'accéder au crédit bancaire classique. Cette première caractéristique situe déjà l'investissement solidaire plus près de l'alliance que du contrat : il vise l'utilité sociale plutôt qu'individuelle, ce qui sollicite d'autres formes d'évaluation que le seul calcul. Par ailleurs, le financeur solidaire est prêt à courir un risque que le financeur classique n'accepte pas, car ce risque n'est pas couvert par des garanties matérielles mais par une garantie qu'on pourrait qualifier de « relationnelle », ce qui nous amène à la caractéristique suivante.

La deuxième caractéristique de l'investissement solidaire se situe au niveau de l'accompagnement offert au porteur du projet. L'intervention du financeur ne se limite pas à apporter des fonds à une activité. Selon les cas, l'accompagnement inclut des formations individuelles ou collectives (marketing, informatique, comptabilité...), la mise en relation avec un parrain qui prodigue au porteur du projet des conseils techniques, un soutien moral et psychologique aux personnes en difficulté, ou encore une aide dans les démarches administratives. L'accompagnement commence dès la réception de la demande de financement, à travers des conseils sur le *business plan* ou sur la constitution du dossier. C'est-à-dire que l'accompagnement n'est pas conditionné par l'octroi de l'aide financière. Plus encore, le financeur propose des alternatives au porteur du projet en cas de refus de sa demande. Ce type d'accompagnement situe clairement la relation entre le financeur et le porteur du projet dans le cadre de l'alliance plutôt que du contrat classique. L'aide n'est pas conditionnée à un retour quelconque, puisqu'elle se fait dès la réception de la demande et même en cas de refus. Et une fois l'engagement pris, le financeur devient un partenaire du porteur plutôt qu'un simple bailleur de fonds, car il intervient dans la gestion même du projet en procurant de la formation ou directement de l'aide. Par ailleurs, le financeur met en relation le porteur avec d'autres personnes susceptibles de l'aider. C'est-à-dire que le « passeur de fonds » devient un « passeur de relation ». C'est le métier même du financeur qui est revisité : plutôt que de chercher à se couvrir des risques que le bénéficiaire du financement peut lui faire encourir, le financeur prend des risques avec lui et lui procure l'aide nécessaire pour les limiter. L'accompagnement déplace ainsi la finalité première du financement : plutôt que de chercher à obtenir une rentabilité maximale, il s'agirait de créer une relation « maximale », une appartenance, bref un type de société.

Enfin, l'investissement solidaire présente des caractéristiques spécifiques dans chacune des modalités de financement évoquées. En ce qui concerne le *capital-risque solidaire*, il s'agit d'un apport en fonds propres, qui se fait sur du moyen terme (en général autour de cinq ans), avec une logique forte d'implication du financeur dans l'entreprise financée, même si sa prise de participation reste en général limitée (autour de 25-30 % du capital). Ce rôle actif joué par le financeur justifie que la plupart des structures de capital-risque solidaire n'exigent pas de garanties du porteur d'activité pour accorder leur financement. La relation entre financeur et bénéficiaire relève ici de paramètres bien différents de ceux du contrat classique : engagement dans le moyen terme (pas de bénéfice immédiat exigé), implication non proportionnelle au capital apporté, garantie remplacée par l'implication directe dans le projet. C'est en ce sens qu'on peut parler d'alliance plutôt que de contrat : la relation se fait dans la durée et elle est déterminée par l'implication commune dans le projet plutôt que par le partage de ses bénéfices financiers.

Le *prêt* et la *garantie solidaires* visent aussi bien la création de microentreprises que des projets de rénovation écologique dans l'immobilier portés par des particuliers, en passant par le soutien d'institutions de microfinance dans les pays en développement ou l'octroi de garanties pour accéder à un financement bancaire. Les taux d'intérêt des prêts solidaires sont généralement plus élevés que les taux de marché, du fait que les activités financées sont le plus souvent plus risquées que les activités financées par les banques classiques. Cependant, des efforts plus importants sont faits par les financeurs solidaires pour adapter les conditions de financement aux spécificités de l'activité financée (différés de remboursement, garanties adaptées...). La prise en compte de la singularité de chaque demandeur plutôt que l'exigence des conditions établies de manière générale situe également les prêts et garanties solidaires davantage du côté de l'alliance que du contrat.

Enfin, le *foncier solidaire* vise autant la construction, l'acquisition ou la rénovation de logements ou immeubles que la gestion locative du parc immobilier, ainsi que l'accès à la terre. Le critère d'attribution est déterminé par le type de population bénéficiaire et notamment ses ressources financières limitées. Encore une fois, l'aide accordée ne sera pas déterminée en fonction de la rentabilité financière ou des risques encourus, mais de la possibilité de mettre les bénéficiaires en condition de devenir autonomes. Plutôt que de chercher à couvrir en amont les risques associés à une situation de précarité, on accompagne le bénéficiaire en créant les conditions pour qu'il puisse y faire face. On ne privilégie pas la sécurité comme dans le contrat, on accueille ensemble l'incertitude comme dans l'alliance.

L'investissement solidaire, autant par ses caractéristiques communes que par celles qui sont spécifiques à chacune des modalités de financement, est plus une relation d'alliance que de contrat. Plutôt que de se préserver des risques, l'investissement solidaire crée les conditions pour prendre ensemble des risques. Plutôt que de mettre des conditions pour garantir l'obtention d'un bénéfice financier, l'investissement solidaire ouvre la possibilité de s'engager ensemble en vue d'une utilité sociale. Plutôt qu'un accord financier mutuellement rentable, l'investissement financier constitue une manière de construire la société : une société fondée sur le pari qu'on peut faire confiance à autrui et non sur la méfiance réciproque. Mais il faut en créer les conditions.

L'investissement solidaire nous montre aujourd'hui de manière pratique que cette économie, pensée en termes d'alliance plutôt que de contrat, n'est pas une utopie mais une réalité. Il faut maintenant que la théorie économique puisse formaliser cette pratique et qu'elle arrive à montrer qu'il ne s'agit pas d'un simple palliatif mais d'une autre conception de l'économie. Des efforts ont déjà été faits en ce sens. Nous citerons juste deux travaux qui, de manière différente, ouvrent des pistes intéressantes.

D'une part, autour de la finance solidaire, plusieurs travaux existent aujourd'hui visant à modéliser sa logique. La thèse de Georges Gloukoviezoff sur l'exclusion bancaire[1] montre clairement que cette exclusion n'est pas l'expression d'un problème uniquement financier, mais d'un dysfonctionnement social. Le non-accès au crédit bancaire ou sa mauvaise utilisation, qui conduit souvent au surendettement, n'est pas seulement

1. Georges Gloukoviezoff, *De l'exclusion bancaire des particuliers en France : entre nécessité sociale et contrainte de rentabilité*, Université Lyon 2, 2008, thèse de doctorat dirigée par Jean-Michel Servet, reconnu pour ses travaux sur l'économie solidaire et le microcrédit.

un problème bancaire, mais plus fondamentalement un problème de société. C'est de cette manière qu'il évalue également les différentes solutions proposées aujourd'hui pour lutter contre cette exclusion, comme le microcrédit. En ce sens, son analyse et sa conceptualisation de la relation de « copilotage » entre banquier et client pourraient être mises en résonance avec l'idée d'alliance.

D'autre part, une approche plus générale de la relation marchande, comme celle présentée par Luigino Bruni et Robert Sugden[1] qui décèlent de la « fraternité » au cœur même de l'échange marchand, déplace beaucoup d'idées préconçues. En effet, la fraternité y apparaît non comme un impératif moral, mais bien au contraire comme une forme de relation qui crée de l'interdépendance. Elle permet ainsi de concevoir l'intérêt individuel et l'intérêt pour autrui non pas comme des objectifs opposés et en totale rivalité, mais comme des finalités complètement imbriquées au sein même de la relation marchande. Cette idée de fraternité pourrait également être mise en rapport avec la logique de l'alliance.

---

1. L. Bruni et R. Sugden, « Fraternity : why the market need not be a morally free zone », *Economics and philosophy*, Cambridge University Press, n° 24, 2008, p. 35-64.

Le chantier est ouvert : l'économie dispose aujourd'hui d'exemples pratiques et de pistes théoriques pour être pensée comme un lieu d'alliance et pas seulement de contrat. Un lieu où la relation n'est pas seulement fondée sur l'intérêt individuel, le calcul et la méfiance, mais également sur l'intérêt social, la reconnaissance et la confiance. Un lieu qui ne vise pas seulement à se préserver des risques et à sécuriser l'avenir, mais un lieu qui permet de prendre ensemble des risques et de s'ouvrir à l'imprévisible. Et pour penser ce lieu, le détour biblique peut se révéler à nouveau fécond.

Après le déluge, l'alliance

Pour présenter l'alliance comme relation alternative à celle du contrat, Adela Cortina faisait déjà référence au récit biblique sur la création de l'homme et de la femme. Nous voudrions maintenant évoquer une autre alliance biblique qui se trouve aussi dans le livre de la Genèse, et qui fait également référence à la création, mais d'une manière différente : il s'agit d'une alliance associée moins à la création de l'humain qu'à sa vocation de cocréateur.

Le déluge (Gn 6-9) se déchaîne sur la terre

entière, comme réaction divine face à la violence et à la corruption humaines. Il menace de mort et de disparition toute la création. Or un homme, Noé, et quelques animaux sont protégés par Dieu et vont survivre. Après la destruction provoquée par le déluge, on assiste à un renouveau de la création, scellé par l'alliance que Dieu passe avec Noé en lui promettant de ne plus jamais recourir à cette solution radicale d'un déluge universel. Cette alliance entre Dieu et la terre sera signifiée par l'arc-en-ciel : Dieu dépose son arc dans la nuée.

De même que dans le premier récit (Gn 1, 1-2, 4), la création apparaît comme une question de vie et de mort, voire de vie qui émerge à travers la mort. La première création a lieu à partir du chaos et celle-ci, après le déluge. Chaque fois, la création introduit un ordre nouveau et des relations nouvelles entre ce qui était confondu et mortifère. La création sépare et relie de manière à faire circuler la vie, là où l'on ne voyait que la mort. L'alliance avec Noé confirme cette idée que la création relève surtout de la relation tissée. Ce qui fait passer d'une situation de mort à une situation de vie, c'est le fait de rétablir des relations permettant à la vie de se propager, de « fructifier et se multiplier » (Gn 1, 28 et 9, 2). La création est bien une affaire de relations qui rendent possible la vie, plutôt qu'une fabrication de ce qui n'existe pas.

Cette idée se voit encore confirmée par le contenu même de l'alliance scellée entre Dieu et Noé. Il s'agit en fait d'une promesse que Dieu fait à Noé et donc d'un engagement unilatéral : Dieu promet de ne plus jamais détruire la terre par un déluge (Gn 9, 11). Et pour signifier son engagement, il dépose les armes : c'est bien son arc, une arme d'agression, qu'Il dépose dans la nuée et qui devient l'arc-en-ciel. Mais cette promesse change le statut de l'homme dans la création : dorénavant, il est autant responsable que Dieu de cette terre pour en faire un lieu de vie et non de mort. Si Dieu promet de ne plus se servir de sa propre violence pour punir et freiner la violence humaine, l'homme en devient responsable. Il n'a plus à attendre la bénédiction ou la punition divines en réponse à ses actes, il devient lui-même passeur de vie ou de mort pour autrui. Cette alliance, qui a certes la forme d'un engagement unilatéral, fait de l'homme un cocréateur. Et du moment que Dieu renonce à utiliser lui-même la violence comme réaction à la violence humaine, il montre à l'homme une autre manière de la combattre et donc de devenir créateur. À travers l'alliance, Dieu prouve que l'on peut lutter contre ce qui détruit les relations par ce qui les construit ; que l'on peut combattre ce qui divise par ce qui relie et ce qui tue par ce qui donne la vie[1]. L'alliance constitue une autre manière d'endiguer la violence que par la violence elle-même. Cette renonciation de Dieu à la violence rend l'homme plus responsable de la destinée de la terre, et lui révèle, dans le même temps, une manière particulière d'exercer cette responsabilité et de participer à la création : à travers l'alliance plutôt qu'à travers la contrainte et la force.

C'est ainsi que l'alliance entre Dieu et Noé renforce encore la différenciation faite auparavant entre alliance et contrat. Il s'agit de deux manières différentes de contenir la violence et de penser la création. Si le contrat est fondé sur des conditions à respecter et des sanctions en cas de non-respect, l'alliance apparaît plutôt comme un engagement inconditionnel qui appelle à la coresponsabilité. Si le contrat permet d'éviter de s'entretuer et ainsi de préserver ce qui a été créé, l'alliance associe les parties dans une relation de cocréation qui vise à

1. Voir notamment, sur ce changement par rapport à la violence, l'analyse d'André Wénin, dans *D'Adam à Abraham ou les Errances de l'humain*, *op. cit.*, chapitre 5 : « D'Adam à Noé, le déluge et ses suites ».

donner des fruits nouveaux plutôt qu'à seulement les préserver.

Cette alliance entre Dieu et Noé concerne l'humain, mais également toute la nature : des animaux sont protégés du déluge au même titre que Noé ; le retour à la vie est marqué par une reconstruction progressive de tout l'espace terrestre (retrait des eaux, émergence des sommets et vol des oiseaux) ; l'arc-en ciel devient le signe de l'alliance. C'est la nature tout entière, et pas seulement la nature humaine, qui fait partie de cette alliance. Cette figure de l'alliance permet donc de revisiter non seulement les relations humaines, mais également les relations avec la nature. Le développement durable pourrait ainsi se définir sur le mode de l'alliance, autant par rapport à la nature qu'entre les humains. La nature ne serait plus un simple moyen de production à exploiter jusqu'à son épuisement, mais un partenaire à associer, avec ses rythmes, ses besoins et ses capacités propres. Les humains ne seraient plus seulement des concurrents les uns pour les autres, reliés par une méfiance réciproque, mais également des alliés capables de se faire mutuellement confiance.

Penser le développement durable sur le mode de l'alliance suppose de mettre l'accent sur les relations tissées plutôt que sur les conditions matérielles assurées. De ce fait, la création associée au développement durable ne serait pas mesurée uniquement en termes de quantité produite mais bien par rapport à la qualité des relations construites.

L'alliance apparaît ainsi comme un type de relation différent de celui du contrat, qui peut prendre forme à l'intérieur même du domaine économique comme au sein du développement en général. Or il ne s'agit pas d'opposer l'alliance au contrat, mais plutôt de les penser ensemble. L'économie et le développement ont souvent été abordés exclusivement à travers des relations contractuelles. Ouvrir ces domaines également à la relation d'alliance permet de retrouver, dans leur nature et leur finalité, des dimensions qui avaient été classées comme des « externalités » et qui nous semblent être pourtant au cœur même de leurs logiques : l'utilité sociale, la reconnaissance mutuelle, le rapport de confiance, l'accueil de l'incertitude. Ces dimensions replacent la dimension relationnelle au centre de l'économie et du développement, qui deviennent dès lors des facteurs de création humaine et pas seulement matérielle.

CHAPITRE 5

L'économie, une communauté à construire

Quand l'alliance passe de l'interindividuel au collectif, elle devient communion. Penser l'économie comme lieu de communion ne suppose pas seulement le partage et la redistribution. D'un point de vue anthropologique et sociétal, faire place à la communion en économie suppose de concevoir autrement le rôle de l'échange : il apparaît comme un moyen de créer de l'appartenance et pas seulement de satisfaire des besoins. Nous creuserons dans ce chapitre cette approche de la communion et de l'échange, qui permet de retrouver le don au cœur même du marché et non pas à l'extérieur.

Quand le manque fait communion

Je conçois l'enseignement comme un lieu où circule la vie plutôt qu'un moyen pour transmettre des connaissances ; un lieu qui met en route plutôt qu'un arrêt pour remplir le réservoir ; une préparation au pèlerinage plutôt qu'un entraînement à la course. L'enseignement ainsi conçu dépasse les limites des institutions qui lui sont réservées. Il passe par les filières académiques qui attribuent des reconnaissances officielles et par tous les espaces et rencontres qui aident à se prendre en main et à faire projet avec autrui : cela se fait pour l'enseignant comme pour l'étudiant, car on apprend de la vie autant que l'on en transmet. On apprend la vie et la lutte pour la vie, celle d'hommes et de femmes, de tous âges, qui cherchent à transformer leur errance en itinérance. Ce qu'il y a de plus passionnant dans le métier d'enseignant, c'est la possibilité d'observer comment la vie de chacun se cherche et se construit. L'enseignement est comme un observatoire de la vie, un lieu de contemplation et d'émerveillement. On contemple les marcheurs qui tracent leur chemin au fur et à mesure qu'ils avancent à travers les plaines et les déserts. On s'émerveille devant la vie qui jaillit là où on l'attend le moins.

J'ai façonné mon métier d'enseignante grâce à une formation académique, mais également par de multiples rencontres informelles qui m'ont révélé, d'une manière particulière, sa fonction de passeur. Ces rencontres m'ont fait comprendre que le plus important à faire passer n'était pas tant la connaissance sur la vie que l'envie de vivre. Je voudrais évoquer à cet effet la rencontre avec deux populations, qui se trouvent plutôt en fin de vie, sans relève pour assurer leur continuité, et qui deviennent, au moment où la mort approche, des libérateurs d'avenir. Elles n'inventent pas l'avenir, mais elles ouvrent les verrous qui permettront de le faire émerger. Plusieurs communautés religieuses et plusieurs populations paysannes sont aujourd'hui menacées de disparition. Dans ces situations limites, c'est souvent le plus précieux de la vie qui se révèle. C'est généralement face à la mort qu'on arrive à identifier et nommer ce qui a vraiment de la valeur, ce qui a donné du sens à la vie construite, ce qui a donné envie de vivre, au-delà de la forme concrète que cette vie a prise. Quand l'institution ou le projet risque de mourir, c'est alors le moment où l'essentiel de ce qui l'a fait vivre peut être dit. Lorsqu'on est libéré du fonctionnement opérationnel, de la lourdeur administrative et organisationnelle, c'est le souffle vital, celui qui a permis de faire marcher la machine, qui rejaillit. Or c'est bien ce souffle vital qui est à faire passer aux générations futures pour qu'elles puissent, à leur tour, inventer leurs institutions et leurs projets, c'est-à-dire leur propre avenir.

Je voudrais ici rendre hommage à toutes ces communautés religieuses et populations paysannes qui, menacées de disparition, se sont mises à chanter la vie, à crier ce qui les a fait vivre, à nommer ce qui les a mises en route. Plutôt que de « sauver les meubles », elles ont choisi de sauver l'âme. Plutôt que de pérenniser les murs, elles ont choisi de récupérer l'esprit qui les a habitées. Plutôt que la certitude du passé, elles ont valorisé l'incertitude qui leur a permis d'inventer l'avenir.

Ces religieuses[1] et ces paysans sont des passeurs, non des modèles de vie à reproduire mais à inventer. Ils nous disent que ce qui relie une communauté ce n'est pas tant le patrimoine que le manque commun et qui mettent en route, ensemble, vers l'avenir. Ils nous rappellent que, pour inventer l'avenir, il faut certes de la maîtrise et du contrôle, du programme et de la planification, de la prévision et de l'anticipation, mais qu'il faut surtout ne jamais oublier cet espace vide où le nouveau peut émerger.

Ces religieuses et ces paysans m'ont raconté la

1. Je parle ici des « religieuses » car j'ai surtout travaillé avec des congrégations féminines.

vie, non pas en théorie mais en pratique, non pas en modèle mais en récit. Comme ces religieuses en maison de retraite qui, par la manière de vivre leur dépendance physique et psychique, font de la fragilité un lieu de rencontre et de fête. Au lieu de se plaindre d'avoir à être aidées dans les gestes quotidiens les plus banals, elles transforment cette dépendance en occasion pour mettre en valeur le personnel qui les aide. La dépendance devient interdépendance : on reçoit de l'aide, on donne de la reconnaissance. Or l'aide aux personnes âgées est souvent très peu reconnue par la société, ce qui donne à cette reconnaissance personnelle une fonction vitale : elle donne de la valeur, et donc de l'envie de vivre, à celui que la société dévalorise ou sous-évalue.

La dépendance chez les personnes âgées provient aussi de leur manque de mémoire qui leur fait perdre des repères et des objets. Certains s'agacent d'oublier ce qu'ils ont fait ou ce qu'ils doivent faire. J'ai vu, au contraire, des religieuses qui ont choisi d'en rire. Et chaque fois qu'elles arrivent à retrouver l'objet ou le souvenir disparu, elles font la fête. La perte de ces petites choses qui étaient présentes au quotidien sans qu'on s'en aperçoive permet justement de se rendre compte de leur véritable valeur. Chaque objet retrouvé est une découverte, chaque souvenir récupéré un événement, la vie de chaque jour un émerveillement. Le quotidien devient célébration.

Ces religieuses nous révèlent ainsi le plus précieux de la vie : qu'elle est relation et don. Elles font de ces lieux sans utilité et sans projet vers l'extérieur de nouveaux lieux de mission, qui nous rappellent que la vie a besoin de maîtrise, mais aussi de surprise ; qu'elle doit être planifiée mais aussi célébrée ; qu'elle a besoin de connaissance mais aussi, et surtout, de reconnaissance.

Une expérience similaire, bien que dans un contexte très différent, a lieu pour les paysans qui ne trouvent pas de relève pour continuer à faire vivre leurs exploitations. Plusieurs zones rurales se désertifient et entrent, elles aussi, en situation de retraite. Cette fin d'activité pour les personnes et leurs projets productifs peut les amener à dire l'essentiel de la vie. J'ai ainsi entendu raconter comment dans une région, traversée par le chemin de Compostelle, fortement touchée par la sécheresse des années 70, où le bétail mourait et les cultures se perdaient, les femmes se sont rassemblées et ont installé un restaurant ouvert aux pèlerins, avec de la cuisine faite maison qu'elles préparaient à tour de rôle. Cette petite activité artisanale et improvisée sauva ces paysans. Et de manière totalement imprévue et radicale, elle changea également la place de la femme dans ces communautés paysannes. Elles sont devenues gérantes de l'entreprise, elles ont expérimenté le goût de se retrouver pour travailler ensemble, elles ont découvert enfin, grâce à la clientèle du restaurant, qu'il y avait un autre monde au-delà de la ferme. Quand la période de sécheresse a été finie, elles n'ont pas voulu fermer le restaurant. Elles avaient découvert un autre style de vie qui donnait une nouvelle valeur et un nouveau sens à leur existence. En témoignant de cette admirable capacité humaine à arracher de la vie là où l'on n'attendait que de la mort, elles nous disent ce qu'est l'essentiel de la vie. Elles nous disent que la vie n'est pas seulement à prolonger ou à reproduire en l'état, mais qu'elle est à renouveler et à ré-inventer en permanence, et que c'est le manque qui rend possible ce renouvellement.

Ce qui fait vivre ensemble, ce n'est pas le projet bien ficelé ou le programme bien structuré, c'est la confiance mutuelle pour accueillir l'imprévu qui construit la communauté. Chaque fois, la vie est racontée par des relations qui se tissent devant le manque non prévu : la dépendance physique ou la sécheresse naturelle. Et ces relations disent que la confiance se construit à travers la reconnaissance réciproque, la vie célébrée et le risque partagé. On pourrait ainsi dire que la communauté est plus une histoire d'alliance que de contrat.

Pour faire une communauté, le projet est nécessaire et le plan fondamental, mais ces hommes et ces femmes en fin de vie nous rappellent que l'essentiel est au-delà du projet et du plan. Ils nous disent que l'essentiel se révèle à travers le manque. Ce manque qui provoque l'envie de vivre et de faire vivre. Ce manque qui libère le souffle vital et la capacité créatrice. Ce manque qui ouvre vers l'avenir. La communauté se construit à partir de la traversée collective de ce manque. Elle est le résultat d'une interdépendance qui se tisse au travers de cette marche. C'est le futur à construire ensemble plutôt que l'ensemble pré-constitué qui détermine l'appartenance communautaire.

Quand la communion fait circuler la vie

Je dirais volontiers qu'un enseignement réussi est celui à travers lequel on sent circuler la vie, de même qu'une communauté réussie est celle qui fait circuler la vie et qui crée du lien. Du lien nouveau, comme celui qui se tisse entre les sœurs et le personnel soignant, ou entre les sœurs et les autres pensionnaires de la maison de retraite, ce qui renouvelle en retour le lien entre les sœurs elles-mêmes, car elles se découvrent investies d'une mission au moment même où elles se sentaient dépossédées de toute mission. Du lien nouveau également entre les femmes paysannes qui s'organisent autour d'une activité commune, ce qui change en retour le lien dans leurs communautés familiales ainsi que leur lien avec le reste du monde, ce monde nouveau qu'elles découvrent à travers les pèlerins qui s'arrêtent au restaurant. La vie circule et fourmille entre ces hommes et femmes qui se trouvent au bord de la mort.

Ce qui circule entre nous est précisément le titre d'un livre de Jacques Godbout[1] consacré au don. Il peut paraître paradoxal d'associer le don à ce qui circule entre les humains car, le plus souvent, il est pensé sous forme de transfert unilatéral, donc comme un acte exceptionnel plutôt qu'habituel. Pourtant, Godbout fait du don le vecteur fondamental de toute relation, car il ne le réduit pas au transfert gratuit et désintéressé auquel on l'associe d'habitude. Pour lui, le don ne se situe pas au

1. Jacques Godbout, *Ce qui circule entre nous. Donner, recevoir, rendre*, Le Seuil, 2007. Voir également la note de lecture rédigée par Étienne Grieu sur le livre de Jacques Godbout dans la revue *Projet*, n° 307, novembre 2008.

niveau des choses mais au niveau du sens de ce qui circule. Il est ce par quoi nous nous appelons à la liberté et à l'existence. Ainsi conçu, on peut trouver du don à l'intérieur de la relation marchande, même si elle est le plus souvent déterminée par l'intérêt individuel et le calcul. Godbout signale que tout bien échangé dans le marché a, comme disent les économistes, une « valeur d'usage » (déterminée par l'utilité concrète du bien), une « valeur d'échange » (déterminée par le prix de marché et donc par sa capacité à être échangé contre d'autres biens), mais également une « valeur de lien » : il se crée une relation entre ceux qui font circuler les biens. Le don crée un certain type de lien. Il appelle, contrairement à ce que l'on croit d'habitude, une certaine réciprocité. Pourtant, il ne s'agit pas de la réciprocité « marchande », déterminée par l'équivalence de ce qui est échangé (il faut rendre quelque chose qui ait la même valeur d'échange), mais d'une réciprocité évaluée en termes de lien créé et de liberté suscitée.

Trois éléments montrent la particularité de cette réciprocité propre au don : il crée une « dette positive », il véhicule un transfert d'« identité », il engendre un « tiers immanent ». Le don n'est pas associé à une obligation de retour, et c'est en ce sens-là qu'il se différencie du contrat. Mais dès que l'on reçoit quelque chose, il se crée une dette, une « dette positive », dit Godbout en reprenant l'analyse de la philosophe Nathalie Sarthou-Lajus[1] : tout en sachant qu'on ne sera jamais quitte, recevoir un don invite à devenir à son tour donateur. Nous en faisons tous l'expérience lorsque l'on nous offre un cadeau. Or quand on « rend » un cadeau, on ne cherche pas en général à couper un lien, mais au contraire à le renforcer. La dette générée par le don, contrairement à la dette classique, n'engendre pas de la culpabilité mais de la reconnaissance ; elle ne suscite pas le désir d'acquittement mais celui d'appartenance.

Cette relation d'endettement est renforcée par le fait que le don d'un bien produit également un transfert d'« identité ». Ce qui est offert transporte toujours un message sur la représentation que le donateur a du bénéficiaire. L'objet véhicule quelque chose qui ne peut pas se réduire à son opérationnalité, mais qui révèle quelque chose du sujet. Qui n'a jamais tenté de déchiffrer la signification que pouvait avoir tel ou tel objet offert ? À travers le don se construit (et se détruit) l'identité sociale.

Car le don engendre une sorte de « tiers endogène ». Celui qui donne se sent en général porté par quelque chose qui vient du plus profond de

1. Nathalie Sarthou-Lajus, *L'Éthique de la dette*, PUF, 1997.

lui-même et, en même temps, par quelque chose qui vient d'ailleurs. Il est ainsi comme un médiateur entre le récepteur et ce « tiers ». Ce tiers n'est pas une norme objective, imposée de l'extérieur, mais une sorte de « grâce » qui émerge du don même. Le don est une « structure d'appartenance », immanente aux partenaires. Le « tiers » du don est ce à quoi appartiennent donateurs et récepteurs, ce qu'ils engendrent par les dons, ce qui fonde le principe de la dette positive : un débordement permanent, un excès de vie.

Le modèle du don ainsi exposé va à l'encontre de sa représentation habituelle : il n'est pas un transfert unilatéral mais, bien au contraire, une forme de relation et, plus encore, la relation même par laquelle nous nous appelons mutuellement à la liberté et à l'existence. La liberté, ce n'est pas ne rien devoir à personne, c'est se reconnaître en dette, une dette positive qui ne culpabilise pas mais qui invite à devenir à son tour donateur. C'est se sentir inscrit dans un mouvement de débordement permanent de la vie, dans son abondance. L'existence, ce n'est pas la satisfaction des besoins, c'est le fait de se sentir relié à autrui. Le collectif qui se construit à partir de cette circulation est plus de l'ordre de la communauté que de l'organisation. Il répond à la logique de l'alliance plutôt qu'à celle du contrat, telles que présentées dans le chapitre précédent. De fait, le « tiers » qui émerge n'a pas le caractère extérieur et contraignant du *Léviathan*. Il institue une manière d'être ensemble, voire une règle. Mais cette règle n'est pas définie par un principe existant a priori. Elle se crée en même temps que l'acte est posé. C'est une règle « flottante » plus que juridique. « Ce qui se déroule sous nos yeux en observant le don, plutôt que l'institution elle-même, ce sont les institutions en émergence permanente, l'institution à vif, le bouillonnement institutionnel, l'incessant mouvement de création de règles et de transgression de règles[1]... » Ce mouvement permanent et paradoxal de création et de transgression des règles donne au collectif qui émerge la forme d'une « apparition » plutôt que d'une production. Il est marqué par une incomplétude fondamentale. Il ne s'agit pas de la combler, mais de la préserver pour que le mouvement puisse se produire, pour que la circulation continue d'avoir lieu.

Cette incomplétude fondamentale coïncide avec le manque qui apparaissait aussi comme essentiel dans les communautés de religieuses et de paysans évoquées plus haut. Cela confirme

1. Jacques Godbout, *Ce qui circule entre nous...*, *op. cit.*, p. 231.

que le vide est constitutif de la communauté : sans vide, pas de circulation possible entre ses membres. Or le modèle du don permet de préciser ce qui circule entre les membres d'une communauté : de la liberté sous forme de « dette positive », de l'existence sous forme d'« identité » collective et de la grâce sous forme de « tiers endogène ». La communauté n'est pas un ensemble figé autour d'un principe préétabli auquel on adhère. Non, la communauté est un espace marqué par l'incomplétude et le mouvement, un lieu où liberté rime avec appartenance, où l'identité se construit en permanence et où la règle n'est jamais déterminée d'avance.

Cette approche renverse certaines idées reçues : la communauté est définie par le manque plutôt que par l'acquis commun, la liberté est conçue comme dépendance choisie plutôt que comme indépendance, l'existence est pensée en termes d'identité collective et pas seulement de projet personnel, la grâce apparaît comme émergence plutôt que comme manifestation extérieure.

Faire communauté, selon cette approche, c'est créer un lieu où la vie circule, un lieu où chacun appelle et se sent appelé à exister et à devenir libre. L'économie peut-elle générer ce type de communauté ? Est-elle seulement gérée par le calcul et l'intérêt ? Relève-t-elle uniquement du comportement stratégique et maximisateur ?

Quand l'échange devient appartenance

La communauté, l'identité, la grâce, ne sont pas des questions proprement économiques. L'économie s'intéresse plutôt à la circulation des biens qu'à la manière de faire communauté, aux besoins matériels plutôt qu'à l'identité, à l'équilibre plutôt qu'à la grâce et à la surabondance. Et pourtant ! Dans chaque modèle de circulation de biens et de services, il y a, sous-jacente, une manière de concevoir le collectif et l'humain, ce qui les constitue et ce qui les dépasse, et, de ce fait, une représentation particulière de la communauté, de l'identité et de la grâce. Karl Polanyi [1] distingue trois formes de circulation économique : la redistribution, le marché et la réciprocité. Derrière chacune de ces formes, on peut identifier des manières différentes de penser le collectif, l'humain et ce qui les transcende.

---

1. Karl Polanyi, « L'économie en tant que procès institutionnalisé », in *Économies primitives, archaïques et modernes. Essais de Karl Polanyi*, Cangiani et Marcourant (éd.), Le Seuil, 2007.

La redistribution se caractérise par une gestion centralisée de la circulation : c'est ce que fait l'État en collectant les ressources à travers les impôts et en les redistribuant à travers les dépenses publiques. Le collectif se traduit ici en termes d'objectif politique prédéterminé par l'administration centrale et il est pensé sur le mode du contrôle. L'humain apparaît à travers sa capacité à s'y soumettre. Aucune grâce n'est envisageable, sauf celle que peut accorder l'institution centrale.

Le marché est, au contraire, un mode de circulation décentralisé, constitué par des échanges interindividuels, régulés par le prix du marché. La base de l'échange est l'équivalence des biens échangés. Le collectif se réduit ici à de l'interindividuel et prend donc la forme de l'autorégulation. L'humain est défini par son intérêt et sa capacité de calcul. Aucune grâce n'est ici concevable, car on reste dans la logique de la maîtrise.

La réciprocité constitue également un mode de circulation décentralisé et interindividuel, mais fondé sur un autre critère d'échange : ce n'est pas l'équivalence des biens mais le lien d'appartenance entre ceux qui échangent qui le régule. La réciprocité, à la différence du marché, est une relation bilatérale inscrite dans un « tout social ». Si l'on utilise les termes de Godbout, on dira que la réciprocité se fait en fonction de la « valeur du lien » tandis que l'échange marchand se fait selon la « valeur du bien ». L'exemple typique de réciprocité donné par Polanyi est celui de la circulation déterminée par les liens de parenté dans les sociétés primitives. Le collectif prend ici la forme d'un tout social qui est construit par des relations interindividuelles, mais qui les dépasse. L'humain est défini par sa dimension relationnelle et son identité sociale plutôt que par son intérêt et sa capacité de calcul. De ce fait, la grâce devient envisageable à travers, notamment, l'appartenance créée, qui ne se réduit pas au produit du calcul humain.

Cette forme de circulation économique se retrouve également dans les sociétés contemporaines. Les pratiques de l'économie solidaire, comme celles du commerce équitable et du microcrédit, évoquées dans le chapitre précédent, en sont une bonne illustration. Jean-Michel Servet[1] a justement mis en évidence cette association en utilisant le principe de réciprocité de Polanyi comme base d'une définition de l'économie solidaire.

---

1. Jean-Michel Servet, « Le principe de réciprocité chez Karl Polanyi. Contribution à une définition de l'économie solidaire », *Tiers Monde*, n° 190, avril-juin 2007, p. 255-273.

Ainsi les discriminations positives en termes de prix, que l'on retrouve par exemple dans le commerce équitable, ne répondent ni à de la pure générosité, ni au souci de protection qui caractérise la redistribution, mais au principe de réciprocité selon lequel chacun est rétribué en fonction de ses capacités et de sa place dans le tout social. Si l'on paye un prix plus élevé que celui du marché, c'est parce qu'on valorise le producteur et pas seulement son produit. Or la valeur de ce que chacun apporte n'est pas mesurée uniquement en termes monétaires. Les « ressources réciprocitaires » en économie solidaire incluent des contributions qui n'ont pas de contrepartie monétaire, comme le bénévolat ou le temps de convivialité associé à l'activité. Mais même en cas de contrepartie monétaire, le critère de valorisation n'est pas le même que dans l'échange marchand. Car le principe de réciprocité suppose un collectif où les membres sont en situation de complémentarité et d'interdépendance volontaire. À la différence du marché, où les partenaires sont équivalents et commutables (ils interviennent en tant que consommateurs ou producteurs, mais sans identité particulière), la réciprocité est fondée sur la complémentarité des éléments distincts. Chacun est unique et dépendant des autres. L'échange s'établit ainsi en fonction de la singularité de chacun et de sa place dans l'ensemble. La circulation propre à l'économie solidaire répond bien au principe de réciprocité, où l'appartenance est plus importante que l'équivalence, l'identité et la singularité de chacun plus importantes que sa capacité de calcul, la complémentarité plus importante que l'indépendance.

La réciprocité ainsi conçue correspond à la logique du don telle que la présente Godbout : la priorité donnée à l'appartenance sur l'équivalence rime avec la notion de « dette positive », la primauté de la singularité sur l'indépendance correspond à l'importance accordée à l'« identité » ; l'inscription dans un tout social résonne avec l'idée de « tiers endogène ». Or l'identification de ce principe de réciprocité avec l'économie solidaire situe le don à l'intérieur même de la logique économique. La réciprocité et le don ainsi conçus ne sont pas des effets extra-économiques, mais, bien au contraire, une manière différente de concevoir la logique économique. C'est la représentation même de l'économie, sa finalité et son fonctionnement qui se voient revisités par la réciprocité. Plus que la circulation des biens, elle vise à créer de l'appartenance. Et cela change radicalement la représentation sous-jacente du collectif, de l'humain et de l'échange. Le collectif prend la forme de communauté plutôt que de société contractuelle, l'humain se définit par son identité et sa singularité plutôt que par son intérêt et sa capacité de calcul, l'échange fait place à la grâce plutôt qu'à la seule équivalence.

Cette référence à la « grâce » dans l'échange, ou au « tiers endogène », est une ouverture, au cœur même de l'économie, à quelque chose qui échappe à la maîtrise et au contrôle. Même si cette « ouverture » est générée par l'échange lui-même, elle est ressentie comme « venue d'ailleurs » et le situe dans une logique de surabondance plutôt que d'équivalence ; cela introduit une certaine transcendance au sein même de l'immanence. Cette dimension transcendante n'a aucune connotation religieuse, mais elle peut entrer en résonance avec cette dimension. Il ne s'agit pas de « récupérer » l'expérience profane ni de faire l'apologie d'une quelconque présence divine qui serait cachée et implicite dans une relation purement humaine. Il s'agit, au contraire, de mettre en résonance deux références à la transcendance, l'une religieuse et l'autre profane, pour les enrichir sans les confondre.

Quand le sacrifice devient communion

L'économie, règne de la matière et de l'immanence, pourrait alors devenir un lieu de grâce et de transcendance. Or il ne s'agit pas d'une quelconque dimension spirituelle ou religieuse retrouvée dans les entrailles de l'économie. Non, il s'agit bien d'une « transcendance économique » ou, si l'on veut, d'une figure économique de la transcendance. Il s'agit d'une transcendance qui prend corps à l'intérieur même de la logique économique. Et c'est elle que je voudrais confronter à la logique religieuse de la transcendance. Je le ferai à travers une expérience religieuse qui, comme l'économie, est traversée par des images très paradoxales. Il s'agit de l'expérience du « sacrifice ». Comme l'économie, le sacrifice apparaît plutôt associé à l'exclusion qu'à la communion, plutôt au rachat qu'à la grâce, plutôt à l'équivalence qu'à la surabondance. Si l'économie est souvent pensée comme ce qui comble le manque plutôt que comme ce qui le met en mouvement, le sacrifice est souvent représenté comme ce qui répare la faute plutôt que comme ce qui ouvre au radicalement autre. Le sacrifice, lieu d'expiation et d'exclusion par excellence, peut apparaître au contraire comme un lieu de communion et d'inclusion. Un lieu de bénédiction où circule la vie.

Au niveau religieux, la notion de sacrifice est souvent associée d'une part à la mise à mort (d'un animal ou d'une personne, au sens littéral ou symbolique) et d'autre part à l'expiation. Il apparaît en général sous forme de cérémonie religieuse qui vise à apaiser la colère divine, mais également à réparer une faute commise. Au niveau profane, c'est la même idée de renoncement, de privation ou de souffrance. Pourtant, il existe une manière radicalement différente de concevoir le sacrifice. À travers l'étude du système sacrificiel israélite présenté dans la Bible, Alfred Marx[1] nous dévoile une tout autre signification de cette expérience.

Ce théologien démontre que dans le système sacrificiel de l'ancien Israël le rite n'était pas centré sur la mise à mort de la victime mais sur l'offrande à Dieu, offrande conçue comme un

1. Alfred Marx, *Les Offrandes végétales dans l'Ancien Testament*, Brill, 1994 ; (avec Christian Grappe) *Le Sacrifice. Vocation et subversion du sacrifice dans les deux Testaments*, Labor et Fides, 1998 ; *Les Systèmes sacrificiels dans l'Ancien Testament*, Brill, 2005.

repas partagé avec Lui, comme un signe d'hospitalité. Cette lecture va à l'encontre de la conception traditionnelle du sacrifice. D'une part, à l'occasion du sacrifice, la loi sur l'autel (Ex 20, 22-26) dit que « Dieu vient », c'est-à-dire que le sacrifice ne crée pas un mouvement de bas en haut, de la terre au ciel, du sacrifiant vers Dieu, mais, au contraire, un *mouvement de haut en bas*, de Dieu qui vient sur terre auprès du sacrifiant. Ensuite, Dieu vient pour recevoir l'hospitalité que son peuple lui offre à travers un repas. Ainsi le sacrifice ne sert pas à nourrir Dieu, mais à l'*honorer*, comme un repas offert à un hôte de marque. En venant partager ce repas avec son peuple, Dieu manifeste qu'Il est semblable aux êtres humains, puisqu'Il mange avec eux, et en même temps Il se révèle différent, par les parties de la victime qui lui sont réservées et le traitement dont elles sont l'objet. De ce fait, Dieu se manifeste à travers le sacrifice comme le même et l'autre, le semblable et le différent. Finalement, lors du sacrifice, Dieu vient pour *bénir son peuple* : c'est dire que le sacrifice n'est pas destiné à apaiser un Dieu en colère mais à recevoir sa bénédiction. Pour l'ancien Israël, le sacrifice constitue avant tout un *lieu de rencontre et de partage avec Dieu*. Dans cette perspective, les sacrifices que l'on appelle maladroitement des « sacrifices pour les péchés » sont en réalité des rites de passage, et les « sacrifices de réparation » sont plutôt des rites de levée de sanction. Ces rites ont surtout une fonction sociale destinée, entre autres, à réintégrer dans la communauté ceux qui, pour une raison quelconque, en ont été exclus. De ce fait, ils ne visent pas à apaiser la colère de Dieu, mais à créer les conditions nécessaires pour que Dieu continue à résider au milieu de son peuple et à le bénir.

Cette manière de concevoir le sacrifice comme lieu de rencontre entre Dieu et son peuple représente également une manière de concevoir la constitution d'une communauté humaine autour de quelque chose qui est à la fois interne et externe. Ce double caractère, que le sacrifice attribue à Dieu, de « mêmeté » et d'altérité donne bien à voir cette double dimension de la transcendance autour de laquelle se construit la communauté. La transcendance se fait toute proche et familière, et, à la fois, inatteignable et radicalement différente. Elle apparaît en même temps comme endogène et exogène. On retrouve ainsi quelque chose de similaire avec ce qui se passe à travers le don et la réciprocité, tels qu'ils ont été présentés plus haut. Il y a à la fois le transfert des biens (la « mêmeté ») et quelque chose d'un autre ordre, qu'on a appelé « grâce » ou « tiers endogène », qui provient de l'échange mais qui échappe complètement au contrôle des partenaires.

Le sacrifice, dans la conception d'Alfred Marx, est un lieu de rencontre, de communion et de bénédiction. Ce n'est pas un lieu d'exclusion, d'expiation ou de punition. Le sacrifice est un lieu de vie et non de mort. Or pour qu'il y ait de la vie, il faut commencer par reconnaître un manque : le peuple n'est pas autosuffisant, il dépend de quelque chose qui le dépasse et qu'il ne contrôle pas. Mais ce manque n'est pas à combler. Il reste ouvert car il fait place à cette transcendance qui est à la fois l'Autre et le même, autour de laquelle la vie circule. Le sacrifice est l'espace qui rend possible cette circulation, tout à la fois verticale (avec Dieu) et horizontale (entre les membres de la communauté). Repas partagé, il constitue l'image par excellence d'un lieu de vie et de communion.

Le sacrifice ainsi conçu nous dit que la communion a besoin de « mêmeté » et d'altérité, de complétude et d'incomplétude. L'économie peut constituer, elle aussi, un lieu de communion, en faisant place, plutôt qu'en les opposant, à ces couples de contraires. En se pensant à la fois comme un espace où circulent les biens mais où se tisse également l'appartenance. Un lieu de contrat mais également d'alliance.

Un lieu d'équivalence mais également de bénédiction, c'est-à-dire de reconnaissance. Un lieu où le don et la réciprocité ne sont pas des phénomènes extraéconomiques, mais font partie de la logique économique elle-même.

Cette manière particulière de concevoir le manque comme condition d'existence plutôt que comme dysfonctionnement d'une communauté invite à revisiter l'idée de solidarité, ce que nous ferons dans le chapitre suivant.

CHAPITRE 6

L'économie, une promesse à entendre

Dans le chapitre précédent nous avons vu que la communauté se construit *grâce*, et non *malgré*, ce qui lui manque. La fonction de l'économie ne serait donc pas de supprimer le manque, mais de le mettre en mouvement. Sa finalité ne serait pas de rendre les personnes autosuffisantes mais interdépendantes. La valeur qu'elle crée ne serait pas seulement mesurée par l'usage ou l'échange des biens mais surtout par le lien que leur circulation produit. Dans cette approche de la communauté et de l'économie, la solidarité demande également à être redéfinie.

Les visages de la pauvreté

En économie, la pauvreté est souvent abordée comme un « objet » d'étude, et ce serait même sa finalité que de se proposer de l'éliminer. Dans cette approche, le pauvre, la victime de la pauvreté, risque de ne plus être lui-même qu'un « objet », et son identité d'être réduite à son manque. Je voudrais évoquer deux expériences récentes qui ont tenté de transformer cet « objet » en « sujet ». Il s'agit d'une part des Semaines sociales de France de novembre 2009 sur le thème « Nouvelles solidarités, nouvelle société[1] » et d'autre part d'un colloque à l'Institut catholique de Paris, organisé par son école doctorale, en 2009 également, sur le thème « Figures et représentations de la pauvreté[2] ». Deux rencontres prévues pour parler de la pauvreté, mais sans les pauvres. Deux lieux qui se sont laissé déplacer pour donner la parole à ceux qui d'habitude sont considérés comme « objets de réflexion » plutôt que comme des sujets capables de réfléchir. Le récit détaillé de ces expériences peut être lu dans les actes des deux colloques. Je vais ici simplement souligner quelques traces de ce passage de l'objet au sujet.

1. Semaines sociales de France, « Nouvelles solidarités, nouvelle société », Actes de la 84e session de novembre 2009, Bayard, 2010.

2. « Pauvreté et exclusion sociale », in *Transversalités*, revue de l'Institut catholique de Paris, DDB, n° 111, juillet-septembre 2009.

Dans les deux cas cités, et après que le projet eut été lancé, la question s'est posée de la place des « pauvres » dans une rencontre centrée sur la pauvreté. Dans les deux cas, il a été décidé de donner la parole aux personnes en situation de pauvreté. Mais passer de la décision à sa mise en pratique n'était pas évident : leur donner la parole, mais en qualité de quoi ? Les faire participer, mais comment ? Attendre une contribution de leur part, mais laquelle ?

Accepter de faire une place aux « pauvres » au sein de ces colloques supposait de définir préalablement le statut avec lequel ils seraient présents. Un choix précis a été fait : ils ne seraient pas invités en tant que « témoins » mais en tant que « penseurs » de la pauvreté. Appeler le pauvre pour témoigner de ce qu'il vit peut devenir une autre manière de le réduire à un « objet » d'étude. Nous voulions plutôt l'intégrer en tant que « sujet » et le faire participer à l'élaboration d'une pensée collective sur la pauvreté. Pour ce faire, il fallait imaginer de nouvelles manières de participation. Les faire passer du statut de victimes à celui d'acteurs demandait de créer des conditions particulières et de trouver de nouvelles formes d'expression. Il ne suffisait pas de les inviter à parler au sein de nos systèmes classiques de conférences. Il fallait adapter le système pour que leur parole, qui se construit et se dit d'une manière particulière, puisse être entendue.

Dans le cadre des Semaines sociales de France, la forme de l'une des séances plénières et celle de quatre ateliers ont été adaptées pour rendre possible leur participation. On a également fait appel à une compagnie de théâtre qui, avec des personnes en situation de pauvreté, a mis en scène un « théâtre forum ». Cette pratique fut également retenue pour le colloque à l'Institut catholique de Paris. Mais, dans ce dernier cas, nous avons nous-mêmes monté le groupe de théâtre, en constituant un groupe mixte avec des doctorants de l'université et des travailleurs d'une entreprise d'insertion, accompagnés d'un animateur professionnel.

Le « théâtre forum » est utilisé dans l'éducation populaire qui se sert de la représentation théâtrale pour susciter la recherche commune de solutions à un problème posé. Le principe se fonde sur la mise en scène d'une situation avec une issue non satisfaisante, suivie de l'invitation au public de venir jouer sur scène des issues alternatives. Le spectateur devient ainsi acteur, il participe avec la troupe à la recherche de solutions différentes au problème, et il le fait autrement que par le biais de la confrontation d'idées. Il s'agit de « jouer » la proposition plutôt que de l'« exposer ». Cette méthode déplace à double titre la forme classique du colloque fondée sur des conférences et des tables rondes. D'une part, on passe de l'exposé d'arguments sous forme de discours au jeu de rôles et à la mise en scène de situations. D'autre part, on passe de la relation classique du colloque avec un intervenant émetteur et un public récepteur à une situation où le public est sollicité également comme acteur et contributeur d'idées. Dans le cadre des Semaines sociales de France, plusieurs formes différentes de participation ont été utilisées, outre le « théâtre forum ». Or même quand on a eu recours au discours classique, l'expression fut différente de celle employée en général dans les colloques, car elle intégrait beaucoup plus des images, des formes poétiques, du vécu.

Et, dans les deux manifestations, une même constante : un temps énorme de préparation afin de trouver « avec » les personnes en situation de pauvreté la meilleure manière de communiquer. Une parole qui souvent n'a duré que quelques minutes sur scène mais ces quelques minutes ont été le résultat de plusieurs heures de préparation collective. En ce sens, on peut parler d'une expérience marquée par la disproportion et la démesure. Mais, en réalité, le résultat ne peut s'évaluer de la même manière que dans un colloque classique. D'une part, parce qu'il ne s'agit pas d'une manifestation ponctuelle un jour déterminé, mais de tout un travail d'élaboration collective. D'autre part, parce que le résultat ne peut pas être évalué uniquement par rapport à la pertinence de la parole dite, mais également, et surtout, par la qualité de présence ainsi que par les relations tissées pendant sa préparation. La démesure a fait place à d'autres critères de mesure.

Ce travail d'élaboration collective qui a commencé pendant le temps de préparation fut marqué aussi par le déplacement, voire l'inversion, des rôles habituels. Le « théâtre forum » a pris la place, dans le colloque à l'Institut catholique de Paris, de l'une des conférences initialement prévues. Le thème était donc déterminé d'avance et la représentation s'est construite autour de ce thème. Pour ce faire, nous avons commencé par échanger autour de la problématique retenue, afin de la traduire ensuite en pièce de théâtre. Le scénario a été élaboré de manière conjointe par les membres du groupe à travers des représentations successives et, seulement à la fin du processus, il a été mis par écrit. L'ordre habituel a ainsi été inversé : on n'a pas joué une pièce écrite, mais on a écrit une pièce jouée. La mise en scène a ainsi été le moyen d'élaboration d'une pensée. C'est au cours des répétitions successives, chaque fois ajustées et reformulées, que la scène finale a été arrêtée.

À travers ce processus, nous sommes tous devenus « chercheurs » et « acteurs ». La scène a été pensée, créée et représentée par l'ensemble du groupe. Les uns ont apporté leur part essentiellement à partir d'une expérience de vie, les autres à partir d'un travail de réflexion intellectuelle : le résultat a été le fruit d'une création collective. Il ne s'agissait pas d'illustrer une pensée ni de penser une expérience, mais d'élaborer quelque chose ensemble, en articulant réflexion et expérience. Deux conditions sont apparues comme essentielles pour la réussite d'un tel projet : d'une part la disponibilité de chaque participant à se laisser déplacer tant par l'expérience que par la réflexion des autres membres du groupe, d'autre part la qualité d'animation du chef d'orchestre, qui doit créer des passerelles entre des mondes que tout semblait séparer.

Cette inversion des rôles s'est également produite pendant les Semaines sociales de France. Par exemple, lors de l'atelier qui abordait le thème de l'économie solidaire, les personnes en situation de pauvreté sont intervenues non seulement pour présenter certaines des pratiques évoquées, mais également comme des personnes « ressources » pour réagir aux propos présentés par les porteurs de projet. Elles n'ont pas été sollicitées pour témoigner de leur expérience de précarité, mais pour nous aider à mesurer si les pratiques présentées pouvaient aider à sortir de la précarité. Ces personnes ont parfaitement joué le jeu, mettant en évidence des contradictions mais aussi des valeurs que l'on arrive à percevoir seulement quand on vit à la marge du système. Les victimes de la pauvreté ont ainsi été consultées comme des « experts », avec capacité d'analyse et de proposition. Cette inversion n'est ni naturelle ni spontanée, elle exige beaucoup de temps, d'imagination et de capacité de déplacement pour se mettre en place.

Jusqu'ici, nous avons surtout parlé d'un déplacement de rôle pour les acteurs concernés. Or le déplacement s'est également produit au niveau du contenu du message finalement transmis lors de ces rencontres. Comme si le déplacement de méthode avait suscité non seulement une manière nouvelle de produire de la pensée, mais également une pensée nouvelle. Cette nouveauté est apparue notamment au niveau des concepts utilisés et au niveau de la place du penseur.

Le groupe qui a mis en place le « théâtre

forum » à l'Institut catholique était constitué d'universitaires et de travailleurs d'une entreprise solidaire. Dès le départ, nous avions constaté un grand décalage entre les significations données aux mêmes mots dans ces deux mondes. Par exemple, dans le domaine universitaire, le « chercheur » est celui qui cherche une nouvelle théorie ou une explication à un problème, tandis que dans le monde de l'entreprise d'insertion, le « chercheur » est celui qui cherche un emploi. Le « colloque » pour l'universitaire est un séminaire où l'on échange autour de théories et d'idées, tandis que pour le travailleur en entreprise, « colloque » renvoie à l'abréviation de colocataire (« coloc ») et se situe donc au niveau du partage de la vie quotidienne. Ces différentes significations données aux mêmes termes montrent à quel point travailler « ensemble » demande au préalable un énorme effort pour entrer dans l'univers de l'autre et pour se laisser interroger par lui, le but n'étant pas de décider quelle signification est « correcte », mais plutôt de faire bouger chacune des significations. En ce sens, mon regard sur la « recherche » et sur le « colloque » est aujourd'hui marqué par cette expérience commune : je considère la recherche académique comme recherche de « sources de vie », de ce qui fait vivre (de même que l'emploi), et nos colloques comme des lieux de « partage de vie » (et pas seulement d'idées).

Mais le déplacement s'est aussi produit au niveau du lieu où le penseur prend place pour élaborer sa pensée. L'expérience du « théâtre forum » illustre bien ce déplacement. Le théâtre était un « lieu tiers », donc neutre pour les membres du groupe : universitaires et salariés d'entreprise, nous étions tous à égalité par rapport à ce lieu, car personne ne maîtrisait cet environnement. Il ne s'agissait ni de proposer une explication intellectuelle ni de mener une action concrète, mais de « représenter » une histoire. Ce lieu tiers a mis nos compétences en situation de complémentarité car personne ne pouvait s'ériger en expert en la matière. Le lieu a ainsi créé les conditions pour que l'interdépendance soit possible malgré nos différences. Par ailleurs, cette complémentarité s'est élargie ensuite à tous les participants du colloque. La transformation de la salle de conférences en salle de théâtre a permis au public de devenir également acteur.

Ce passage du « pauvre-objet » au « pauvre-sujet » qui demande, comme nous venons de le voir, plusieurs déplacements (de rôle, de pratique, de concept, de lieu) appelle également à déplacer la notion même de solidarité.

Solidarité « par le moins » et solidarité « par le plus »

La solidarité peut être définie en termes de lutte contre la pauvreté, et c'est en effet une expression aujourd'hui largement utilisée, notamment au niveau politique. Autour de cet objectif, on a vu s'ériger plusieurs programmes de solidarité internationale. On peut noter à ce propos les Objectifs du millénaire pour le développement, établis au sein de l'ONU en 2000, qui fixent la barre très haut : réduire de moitié la pauvreté dans le monde d'ici à 2015. Cet objectif général est décliné en huit objectifs particuliers qui concernent la faim, l'éducation, la santé – notamment le sida et le paludisme –, la mortalité infantile, la santé maternelle, les femmes, l'environnement durable et la mise en place d'un partenariat mondial pour le développement.

On ne peut que se réjouir de voir la communauté internationale fixer un tel objectif. Et même si aujourd'hui on sait qu'il ne sera que partiellement atteint et qu'il faudrait une volonté politique bien plus grande pour libérer les ressources nécessaires, il représente une avancée incontestable : pour la première fois, il y a un engagement précis de la part de la majorité des chefs d'État, exprimé de manière quantitative et donc évaluable, et non plus une simple déclaration de principes et de bonnes intentions.

Tout en soutenant ce type d'initiatives de lutte contre la pauvreté, l'on peut cependant s'interroger sur l'idée de solidarité sous-jacente. L'expression « lutter contre la pauvreté » suppose que la pauvreté est une réalité objective dont certaines personnes seraient victimes et qu'il faudrait la supprimer. La pauvreté apparaît ainsi comme une condition objective et subie, et le pauvre est réduit à sa pauvreté, à ce qu'il n'a pas : un manque à combler. Nous sommes à nouveau dans l'idée du « pauvre-objet » plutôt que sujet.

Cette manière de définir la pauvreté appelle une certaine forme de solidarité, pensée comme suppression du manque. Elle s'accorde ainsi avec l'idée d'une justice distributive, à travers laquelle on prendrait à ceux qui ont trop pour donner à ceux qui manquent. Pourtant, le fait de considérer le pauvre en sujet plutôt qu'en objet sollicite une autre conception de la solidarité et de la justice.

Passer de l'objet au sujet suppose de concevoir autrement la pauvreté : non seulement comme des manques à combler, mais comme une manière de vivre ensemble. Si la lutte contre la pauvreté vise à combler les manques dont souffrent certaines personnes, elle risque de se situer uniquement au niveau des effets plutôt que des causes. La réalité de la pauvreté devrait interroger d'abord la mécanique sociale qui, au niveau local, national ou international, crée de l'exclusion. C'est la manière dont on « fait société ensemble » qui est mise en cause avec la pauvreté, et pas seulement la distribution de ses bénéfices. Il va falloir, sans doute, redistribuer des richesses très inégalement réparties, mais le problème de la pauvreté relève surtout d'une question bien plus fondamentale, celle du projet de société. Dès lors, le pauvre n'apparaît pas seulement comme une personne en manque qui a besoin d'assistance, mais comme un acteur social qui doit pouvoir participer à un projet d'ensemble. On cherchera chez lui la capacité propre qu'il pourrait développer en vue d'un projet commun plutôt que le manque à combler.

Cette approche de la pauvreté sollicite ainsi une autre conception de la solidarité : une solidarité « par le plus » plutôt qu'une solidarité « par le moins », c'est-à-dire une solidarité qui cherche quelle est la richesse potentielle de la personne plutôt que son manque à combler. On regarde ce qu'il a « de plus », ce qu'il pourrait mettre au service d'un projet commun, plutôt que ce qu'il a « de moins ». Dans cette nouvelle perspective, on ne peut plus se satisfaire d'une justice seulement distributive, il faut une justice qu'on pourrait qualifier de « contributive ».

La justice distributive est certes nécessaire, car ce qui est injuste, ce n'est pas la pauvreté en soi mais le fait qu'elle coexiste avec une très grande richesse. Le véritable scandale est celui de l'inégalité plutôt que celui de la pauvreté. Penser en termes d'inégalité empêche d'isoler la pauvreté comme un problème « de pauvres » qui a besoin de solutions « pour les pauvres ». Le système général fondé sur l'inégalité, qui pousse à transformer plutôt qu'à réparer, pose question.

Au contraire, la solidarité « par le plus » ne se réduit pas à de la redistribution. Son objectif n'est pas tellement de rendre accessibles tous les biens nécessaires pour vivre, mais plutôt de rendre possible la participation de chacun à la création d'un projet commun. C'est pour cette raison que nous faisons appel à une justice « contributive », fondée sur la capacité de participation et d'apport de chacun. Deux conceptions différentes de l'humain sont sous-jacentes à chacune de ces notions de justice. Dans la justice distributive, l'humain est défini par ses besoins, tandis que, dans la justice contributive, il l'est par sa capacité créatrice.

Les deux expériences évoquées plus haut

constituent des illustrations de cette justice contributive. Dans les deux cas, la personne en situation de pauvreté n'a pas été sollicitée pour témoigner de ce que signifie manquer de certains biens et droits essentiels, mais pour contribuer à la recherche de solutions. Évidemment, chaque fois, ces personnes ont parlé à partir de leurs expériences du manque, mais le but n'était ni de sensibiliser l'auditoire ni de demander de l'aide, mais de donner des idées pour construire une société plus juste.

La solidarité ainsi comprise devient clairement une question politique. Politique non parce qu'elle relève de l'action d'un gouvernement, mais parce qu'elle relève du projet de société. La solidarité est une affaire politique car elle interroge notre vivre-ensemble et la place réservée à chacun des membres de la société. Elle ne concerne pas uniquement la politique sociale mais la gestion de la cité dans sa globalité : comme un ensemble de personnes où chacune sent qu'elle a une place propre et une contribution à apporter. Autrement dit, où chacune est reconnue par sa capacité créatrice.

Si la solidarité est une question politique, elle concerne donc toutes les dimensions de la vie en société, y compris l'économie.

La dimension politique de l'économie

L'économie acquiert ainsi une dimension politique, particulièrement mise en avant dans deux domaines, qui ont été évoqués dans les chapitres précédents : le développement durable et l'économie solidaire. Nous avons déjà dit que le développement durable n'était pas seulement lié à l'environnement mais qu'il concernait toutes les dimensions de la vie humaine et sociale et qu'il nous permettait de nous interroger sur le « sens » que nous donnons à notre vie ensemble. C'est notre manière de consommer et de produire, de nous déplacer et d'habiter l'espace, de construire nos maisons et nos villes qui est aujourd'hui interrogée par le développement durable. Mais l'interrogation n'est pas seulement d'ordre technique, elle est avant tout politique. Car elle renvoie à notre manière de faire des choix collectifs. Penser que le développement durable correspond à un modèle précis de développement fondé sur l'utilisation des énergies renouvelables est un leurre. Le développement durable nous confronte à un choix de société entre des alternatives où les intérêts aux niveaux économique, social et environnemental sont toujours en opposition. Les agrocarburants permettent d'utiliser moins de pétrole pour les voitures, mais leur production met en danger la part à destination alimentaire. La réduction de la publicité imprimée réduit l'utilisation de papier et permet ainsi de préserver le bois, mais elle supprime également la nécessité de sa distribution et donc une source de travail pour les personnes moins qualifiées. Chaque nouvelle technologie aura des effets bénéfiques pour les uns et négatifs pour les autres. Le grand défi du développement durable n'est pas celui de trouver la technologie adéquate pour préserver la planète, mais bien plutôt celui de penser une pédagogie du choix collectif.

Le problème du développement durable est donc politique avant d'être technique et la solidarité en est un enjeu majeur. Elle est sous-jacente à la définition même de développement durable, pensé en termes de solidarité à l'égard des générations futures, dont la vie est aujourd'hui compromise à cause de notre modèle actuel de développement fondé sur un productivisme à outrance. Mais solidarité également par rapport aux générations présentes, car la non-viabilité de notre modèle de développement réside aussi dans l'inégalité qu'il produit. Cette solidarité envers des générations présentes et futures ne peut être pensée uniquement en termes de manque à combler et de justice distributive. Elle sollicite la définition d'un autre projet de société, autant aux niveaux national qu'international.

Le problème du développement des pays pauvres ne peut plus se poser aujourd'hui comme un rattrapage par rapport aux pays riches, maintenant que le mode de développement des pays riches montre sa non-viabilité. La solidarité à l'égard des pays pauvres devrait se penser également en termes de justice contributive. Les pays pauvres ne sont-ils pas, eux aussi, porteurs de ressources pour penser de nouveaux modes de développement ? Leur rapport à la nature, leurs expériences de survie face à la pauvreté, leur créativité et leur imagination, leur « débrouillardise » n'ouvrent-ils pas des pistes pour penser autrement le développement ?

Certes la solidarité internationale doit encore se penser en termes de justice distributive et viser la redistribution d'une richesse, scandaleusement concentrée entre quelques mains. Mais elle ne peut pas s'y réduire : le développement durable appelle à penser des modes pluriels définis en fonction des ressources et des besoins de chaque pays et en même temps à repenser l'interdépendance au niveau international, entre des pays qui se trouvent en situation d'inégalité économique. Le développement durable invite à penser une nouvelle forme de gouvernance mondiale où les décisions ne soient pas prises exclusivement en fonction du pouvoir économique du pays. Le développement durable constitue un défi majeur pour repenser la solidarité au niveau politique.

De même, l'économie solidaire est aujourd'hui porteuse d'une conception très politique de la solidarité, en ce qu'elle cherche une manière différente de construire du lien social plutôt que de répondre à des besoins particuliers. Certes, ses pratiques visent en premier les personnes exclues de l'économie classique, mais non pas pour créer une économie parallèle ou palliative. Elle montre une autre manière de faire de l'économie, une autre manière d'articuler l'économique au social et au politique. Dans le chapitre 3, nous avons déjà abordé la relation nouvelle entre économique et social dont l'économie solidaire est porteuse. Nous voudrions ici souligner sa dimension politique. Toutes les pratiques de l'économie solidaire intègrent un objectif d'agir démocratique. Cet objectif se traduit ensuite dans des logiques différentes, tantôt à l'intérieur des unités économiques, tantôt dans ses relations avec l'extérieur.

Une pratique d'économie solidaire où la dimension politique est particulièrement mise en évidence est celle des régies de quartier. Cette pratique s'inscrit au niveau d'un territoire déterminé, associant sa collectivité locale, ses logeurs sociaux et ses habitants autour d'un projet de gestion urbaine. Sa mission technique est d'entretenir, d'embellir et de veiller sur le quartier. Elle se traduit par une activité économique qui favorise l'insertion sociale et professionnelle d'habitants du quartier qui sont en situation d'exclusion ou de chômage. La régie de quartier, à travers l'activité économique, poursuit une mission sociale : « Améliorer les relations humaines, inventer des modes de gestion urbaine partagée et surtout construire, en suscitant l'implication et la responsabilisation des habitants, une citoyenneté active sur le territoire de la régie[1]. » Sa mission « sociale » a ainsi une dimension essentiellement « politique ». La participation des habitants constitue l'originalité politique de ce dispositif d'insertion. L'habitant devient à la fois bénéficiaire et prestataire des services publics. La régie de quartier constitue ainsi un espace où se construisent de nouveaux modes de cogestion du local et de ce fait une

1. CNLRQ (Comité national de liaison des régies de quartier), « L'économie solidaire en pratiques dans les régies de quartier et de territoire », 2009.

expérience originale de démocratie. La participation de différents acteurs locaux (habitants, associations, bailleurs, collectivité...) la distingue de la plupart des initiatives solidaires qui sont souvent dirigées par une seule catégorie d'acteurs. En ce sens, la régie de quartier présente une dimension politique toute particulière.

La solidarité mise en pratique par la régie de quartier est une solidarité « par le plus » : plutôt que de combler un manque en donnant des biens ou du travail à ceux qui n'en ont pas, elle sollicite leurs compétences en vue d'un projet collectif local. Du moment que ce projet concerne le bien-vivre-ensemble du territoire où ces personnes habitent, la solidarité se traduit en termes de projet de société plutôt que d'assistance aux personnes exclues. C'est la responsabilité citoyenne plutôt que la seule satisfaction des besoins qui est visée par les activités économiques de la régie de quartier.

De ce fait, la solidarité n'apparaît pas comme un acte unilatéral d'aide à l'égard de celui qui est en situation de manque, mais comme une relation de *réciprocité*. La solidarité dans l'économie solidaire n'est pas conçue comme un transfert (d'argent ou de compétence), qui vise à combler un manque, mais comme une sollicitation adressée à chacun, et notamment à ceux qui sont souvent considérés comme « inutiles » par notre société, pour qu'ils participent à un projet commun. Il s'agit bien d'un échange, non d'un transfert. Et d'un échange évalué en termes de lien créé et d'appartenance produite plutôt qu'en termes d'équivalence de ce qui est échangé.

Cette conception de la solidarité invite surtout à changer les critères d'*évaluation* de l'activité économique : à valoriser la qualité des relations produites et pas seulement la quantité, à chercher une rentabilité sociale et sociétale et pas seulement une rentabilité financière, à passer de l'équivalence à la reconnaissance. Il s'agit de changer les critères de mesure et de faire place aussi, d'une certaine manière, à la dé-mesure, à ce qui n'est pas mesurable mais qui fait vivre en touchant le plus fondamental de la vie : le fait de se sentir appelé à créer avec d'autres, à devenir cocréateur, à simplement dire (et entendre) : « J'ai besoin de toi. » Cette solidarité, pensée comme projet de société plutôt que comme aide aux personnes qui sont dans le besoin, résonne fortement avec la notion de « promesse ».

La solidarité, une promesse qui met en marche

Dans le milieu politique, la promesse a une connotation très négative, car elle est synonyme de parole non tenue, d'engagement non respecté. Au contraire, dans la Bible, elle renvoie à une expérience radicalement différente. Elle est également associée à quelque chose d'inaccompli, d'inachevé, mais le non-accomplissement n'est pas considéré comme une trahison ou une tromperie : il est au contraire signe d'une mise en marche permanente, d'une histoire toujours à construire et d'un nouveau possible qui se trouve toujours devant nous.

La promesse biblique est un appel à se mettre en marche plutôt qu'un objectif concret à atteindre. Elle est exode à vivre plutôt que terre à conquérir. Elle est traversée du désert plutôt qu'avenir sécurisé. C'est comme cet appel que Dieu adresse à Abraham quand Il lui demande de quitter sa terre et de se mettre en marche vers la « terre promise » : une terre meilleure qu'il pourra prendre en possession (Gn 13, 17 et 17, 8). La promesse de Dieu ne sera pas totalement accomplie car, même si Abraham arrive à la terre indiquée, il ne pourra pas en prendre possession : il y mourra comme un étranger. C'est aussi ce qui arrive avec la promesse faite à Moïse : Dieu lui demande de faire sortir son peuple d'Égypte où il était esclave et de le conduire vers la « terre promise », une terre où coulent le lait et le miel (Ex 3, 7-10). Moïse fera sortir le peuple d'Égypte, mais il mourra avant de l'atteindre. L'histoire biblique semble ainsi marquée dès le début par des promesses non tenues. Étrange image que celle d'un Dieu qui ne tient pas ses promesses ! Pourtant, à travers cette image, j'entends se dire quelque chose d'essentiel sur la promesse. Que la promesse n'est pas tant le but à atteindre mais ce qui met en marche. Que la promesse n'est pas un avenir précis mais le fait de croire qu'il y a un avenir possible. Que la promesse est ce qui ouvre l'horizon plutôt que ce qui le ferme. Que la promesse est une invitation à marcher plutôt qu'un gain à obtenir.

À partir de cette approche de la promesse, on peut redéfinir la solidarité. Si on la conçoit comme capacité à développer plutôt que comme manque à combler, la solidarité devient promesse d'avenir plutôt que réparation d'une perte. Elle est invitation à participer à un projet que l'on construit ensemble plutôt que possibilité d'obtenir ce que l'on n'a pas. Elle est reconnaissance d'une potentialité plutôt que réponse à une carence. Être solidaire c'est faire entendre une promesse.

Le développement durable et l'économie solidaire nous disent que l'économie peut être un lieu où l'on entend une promesse, non pas une promesse de satisfaction de besoins mais une promesse d'avenir à bâtir ensemble. Une promesse qui n'est pas une garantie mais une reconnaissance de la capacité créative propre à chaque personne.

CHAPITRE 7

L'économie, source d'identité

La solidarité, pensée comme projet à construire ensemble et fondée sur la reconnaissance de la capacité créatrice de chaque personne, plutôt que de ses manques, devient promesse de vie. Une économie qui se veut solidaire ne serait donc pas une économie réparatrice mais génératrice d'un nouveau possible. L'économie devient ainsi un lieu où se construit l'identité individuelle et collective.

Une identité nourrie d'altérité

Pour introduire l'idée d'identité, je vais faire référence à ce qui semble en principe la mettre en danger : l'immigration. La société d'accueil ressent souvent la présence d'immigrés comme une menace à sa propre identité. Comme si l'identité était quelque chose de figé que l'on a ou que l'on n'a pas. Je crois au contraire que c'est quelque chose qui se construit en permanence, tout au long de la vie. Je pense même que c'est la rencontre avec la différence qui révèle et confirme ce qui la constitue. C'est ma propre expérience d'étrangère : si je peux aujourd'hui nommer et qualifier une partie de mon identité, c'est parce qu'elle a été interrogée, mais aussi dérangée, par la rencontre d'identités différentes. Et ce dérangement produit par la différence de l'autre fait, en même temps, bouger et évoluer sa propre identité. Mais ce n'est pas de mon « étrangeté », donc de mon « identité », que je voudrais parler ici, mais plutôt de ce que j'ai découvert à travers l'« étrangeté » de ces personnes qu'on appelle les sans-papiers, car sans droit légal de séjour dans un pays.

Mon expérience s'enracine au sein d'un collectif que nous avons créé en 1999, appelé Réseau chrétien immigrés, avec la finalité première de sensibiliser les communautés chrétiennes à l'immigration. Le collectif s'est constitué au moment où plusieurs communautés avaient été confrontées à l'expérience d'occupation de leurs églises par des groupes de sans-papiers. Le but n'était pas de créer une énième association d'aide à ces personnes, mais un espace d'échange à l'intérieur de la communauté chrétienne qui se sentait prise entre deux exigences opposées :

d'une part l'exigence évangélique d'accueillir l'étranger et d'autre part l'exigence citoyenne de ne pas accueillir des étrangers en situation irrégulière. Nous avons également mis en place quelques services d'aide aux personnes sans papiers, notamment une permanence juridique pour les aider dans leurs démarches de régularisation et des cours d'alphabétisation et de langue française. À travers les différentes initiatives mises en place par le Réseau, nous avons mesuré à quel point il était important de créer des espaces de rencontre entre Français et étrangers, car chacun était très marqué par des images stéréotypées de l'autre. C'est en réponse à ce besoin de rencontre que le Réseau a développé une nouvelle initiative appelée le « goût de l'autre », sur laquelle je voudrais m'arrêter ici.

Le « goût de l'autre », c'est un repas du soir dont les convives sont pour une moitié des étrangers, pour l'autre des Français. Il a lieu dans la mairie du IVe arrondissement, là où sont dispensés également les cours d'alphabétisation. Et voilà que cette petite expérience, qu'on pourrait considérer comme banale (prendre un repas ensemble), a révélé, pour moi, le plus précieux d'une construction identitaire.

Le repas est organisé une fois par mois, dans un cadre qui se veut simple et convivial mais également très soigné. Une personne étrangère est chargée chaque fois de préparer le plat principal. Elle choisit une recette typique de son pays d'origine. Ce plat est accompagné d'une entrée et d'un dessert propres à la cuisine française. Le jour du dîner, les deux cuisiniers (l'étranger et le Français) font les courses et préparent ensemble le repas dans la cuisine de la mairie. Le soir, la salle est soigneusement aménagée : une belle nappe, des fleurs, des bougies, de la musique… Il ne s'agit pas d'un casse-croûte pris dans une salle communale. Le repas prend l'air d'une soirée « chez soi », où l'on fait de son mieux pour accueillir un hôte de marque. Les accueillants et les accueillis sont aussi bien des Français que des étrangers. Le « goût de l'autre » nourrit et relie les identités des uns et des autres.

Il y a la cuisine et le repas, deux domaines très marqués par chaque culture. Dans le « goût de l'autre », la cuisine étrangère est mise en valeur, et entre « en dialogue » avec la cuisine française. Autant dans le menu que dans le rituel de table, les deux cultures sont présentes sans se confondre. Elles ne fusionnent pas mais elles se nourrissent l'une de l'autre : on échange des recettes, des coutumes, des manières de faire et d'être. On se laisse surprendre par le goût de l'autre. Chaque saveur devient une invitation au voyage, une invitation à quitter sa terre, avec ses produits et ses arômes propres, pour s'enfoncer dans une autre terre qui ouvre nos sens à des fumets inconnus, et donne ainsi du sel et du piment nouveaux à nos vies.

Il y a la langue, encore un aspect très lié à chaque culture. Dans le « goût de l'autre », on parle français, car on est en France. Mais juste par plaisir, sans obligation et sans contrôle. La langue, souvent vécue par les étrangers comme une barrière, un filtre, une difficulté, une source d'exclusion, devient ici, tout simplement, lieu de rencontre. La langue, souvent associée par les étrangers à un outil de travail voire à un moyen de survie, devient ici lieu de découverte et de gratuité. Et quand les Français entendent leur langue parlée par les étrangers, elle acquiert une musique et un sens nouveaux. Les erreurs de prononciation et de syntaxe, la recherche tâtonnante des mots les déplacent du contexte habituel et révèlent un nouvel univers de sens pour chacun d'eux.

Il y a enfin le lieu, la mairie : l'institution publique, associée à la loi et donc au contrôle et à l'expulsion. Et c'est là, au cœur même d'une mairie, qu'étrangers et Français viennent juste pour « prendre goût », goût d'un repas pas comme les autres, goût des personnes qu'en général on regarde avec méfiance, goût d'un lieu qu'on essaye d'habitude d'éviter quand on est dans l'illégalité. L'espace public est ainsi transfiguré : de lieu qui préserve et sécurise une identité particulière, il devient carrefour d'identités. Un lieu où l'identité de chacun est non seulement tolérée, mais surtout accueillie et invitée à se mêler à d'autres.

Dans cet espace, où il ne se passe rien, il se passe tout, le « repas se fait symbole », nous dit son animatrice Nathalie Baschet. Symbole d'accueil pour ceux qui sont en général considérés comme *persona non grata*. Symbole de dialogue pour ceux qui sont interdits de parole. Symbole de fête pour ceux qui sont accablés par la survie au quotidien.

Ce symbole dit quelque chose d'essentiel sur l'identité. Il dit que l'identité se construit à partir de sa culture d'origine, certes, mais qu'elle est nourrie, enrichie de toutes les autres cultures qu'on a pu « rencontrer ». Il dit que l'identité est faite de son histoire personnelle et de l'histoire de toutes les personnes qu'on a « rencontrées » au long du chemin. Il dit que l'identité est beaucoup plus qu'un papier ou une reconnaissance officielle, qu'elle est marquée par tout lieu qui est devenu un lieu de « rencontre ». C'est une manière d'être plutôt qu'une manière de faire (de manger, de parler, de prier...) : l'être de chacun est semé de l'être des autres, ces autres qui ont traversé la route de chacun. L'identité est de l'ordre de la gratuité : elle se construit, elle n'est jamais finie, mais elle ne répond pas à un modèle préfabriqué qu'on commande, elle est plutôt modelée par tout ce qu'on reçoit sans le mériter, par tout ce qui nous émerveille et nous déplace. Le « goût de l'autre » nous dit que l'identité est nourrie de son alter ego, c'est-à-dire d'altérité.

L'identité, passé composé et futur imparfait

L'expérience du « goût de l'autre » montre bien que l'identité est toujours une histoire de rencontre. Rencontre du même et de l'autre. Rencontre du similaire et du différent. Rencontre qui révèle à chacun ses propres racines et qui donne des ailes pour s'envoler ailleurs. L'identité est faite de passé et d'avenir, d'une histoire et de projets, de traces et de rêves. L'identité est le rocher sur lequel se construit notre maison, elle est le vent qui nous pousse à la quitter pour aller plus loin. L'identité est à la fois passé composé et futur imparfait.

Le passé composé, c'est le temps verbal qu'on utilise pour « marquer une action passée ayant quelque rapport avec le moment présent », dit la grammaire française. L'identité est passé composé car elle est façonnée par le passé, mais un passé qui, comme dans le temps du verbe, est en rapport avec le présent. Un passé qui situe le présent, qui lui donne des marques, qui l'inscrit dans une histoire. Une histoire inachevée, une histoire encore en train de s'écrire, mais une histoire qui vient de loin. Ainsi, mon identité uruguayenne est constituée de tout ce que j'ai vécu en Uruguay, mais également de tout ce que j'ai vécu par la suite, loin de l'Uruguay, et notamment en France, où mes racines ont pris des ailes. Ma terre natale est toujours en moi, elle fait partie de ce que je suis, mais elle a pris des couleurs et des odeurs de la terre où je me trouve actuellement. Passé composé aussi, car cette histoire est celle de chaque personne individuelle et celle de sa communauté d'appartenance. Mon identité uruguayenne est façonnée par ma propre histoire mais aussi par celle des hommes et des femmes qui m'ont précédée dans le lieu où je suis née. La composition n'est pas seulement entre passé et présent, mais aussi entre individuel et collectif.

Et l'identité est aussi futur imparfait. Ce temps n'existe pas au niveau grammatical, mais on peut dire qu'il est une combinaison de l'imparfait et du futur simple. L'imparfait marque « une action passée, mais inachevée, imparfaite par rapport à une autre action également passée ». Le futur imparfait serait ainsi une action future qui serait imparfaite et inachevée, toujours en train de se poursuivre, de se renouveler, de se perfectionner. L'identité est futur imparfait car elle est définie par le futur qui nous met en marche vers quelque chose que l'on espère atteindre mais que l'on ne connaît pas encore. Elle est futur imparfait car elle est en construction d'avenir, inachevée mais en mouvement. Quand ils quittent une personne, les Africains lui « demandent la route ». Ainsi pourrait-on dire que l'identité de chacun est comme un autre à qui on demande la route, un autre qui nous met en route vers un but qui sera toujours devant nous, dans un chemin toujours à faire et à construire. L'identité est ce qui nous met en route.

L'identité, passé composé et futur imparfait de la vie de chacun, conjugue ses blessures et ses illusions, ce qui l'attache et ce qui le libère, ce qui le construit et ce qui lui donne souffle. L'identité est ainsi une manière d'être et de devenir. Elle est certes associée à la langue, à la religion et à la cuisine de chaque pays, à son histoire et à sa géographie. Mais ce qui marque l'identité, ce n'est pas tant la langue en soi que ce qu'elle véhicule comme manière de penser et de regarder le monde. Ce n'est pas tellement la religion en soi, mais la manière d'articuler transcendance et immanence. Ce n'est pas, non plus, la cuisine en soi, mais ce qu'elle révèle du rapport à la terre et à autrui. Ce n'est pas seulement l'histoire officielle racontée dans les livres d'école, mais l'histoire officieuse qui circule de bouche à oreille, souvent non dite mais ressentie. Ce n'est pas tellement la géographie délimitée par ses frontières douanières, mais celle des montagnes et des plaines, des rivières et des déserts, qui nous ont bercés et élevés. L'identité est définie par l'être plutôt que par le faire, par la manière de se situer dans le monde plutôt que par des pratiques concrètes. Elle est de l'ordre de l'être et du devenir, à la fois passé et avenir. Elle est passé commun, car traversée par toutes les appartenances qui construisent la personne, mais également futur commun, car déterminée par l'avenir rêvé avec d'autres.

L'identité n'est pas quelque chose de figé. Elle est définie par le mouvement et, plus encore, par la mise en mouvement. En construction permanente, en évolution continuelle, elle ne respecte pas les séparations tranchées entre passé, présent et futur. Elle les mouline pour produire une potion magique et unique, celle qui dit l'identité en construction de chacun.

L'économie, source d'identité

L'économie est rarement associée à l'identité, car elle est plutôt reliée à une logique générale et universelle déterminée par le calcul. Dans la logique marchande, l'individu compte en tant qu'acheteur ou vendeur. Aucune singularité individuelle ou collective n'intervient. Pourtant, nous avons vu, au travers des chapitres précédents, se profiler une économie qui crée du lien et de l'appartenance, fondée sur la reconnaissance des personnes plutôt que sur l'équivalence des biens, une économie qui sollicite la créativité et l'originalité de chacun. L'économie ainsi conçue peut alors devenir un terreau où se construit l'identité de chacun.

Dans l'expérience évoquée ci-dessus, l'étranger est valorisé par toute l'histoire dont il est porteur à travers sa cuisine et pas seulement à cause du plat préparé. Ce n'est pas seulement son « savoir-faire » particulier qui est mis en valeur, mais aussi son « savoir-être ». C'est toute l'identité de celui qui prépare le plat qui est reconnue. L'étranger sent à travers sa cuisine qu'il devient « quelqu'un » face aux autres. Le repas partagé valorise celui qui l'a préparé au-delà de la valeur marchande de la nourriture proposée. Cette valeur accordée par l'autre révèle son identité.

Dans ce repas partagé, il n'y a pas d'échange marchand, même si chacun participe aux frais, car on ne paye pas le plat pris comme dans un restaurant. Le repas n'est pas la fin mais le moyen d'établir une relation. Or ce repas non marchand montre bien que l'échange des biens peut véhiculer d'autres « valeurs » que les seules valeurs marchandes. L'échange peut révéler quelque chose d'autre que le seul intérêt individuel de ceux qui échangent. Quand l'échange est porteur de reconnaissance réciproque et créateur de lien, il révèle quelque chose qui est plutôt de l'ordre de l'identité de la personne que de son intérêt.

L'économie pourrait être ainsi une source d'identité, un espace ressource qui permet à chacun, de manière individuelle ainsi que collective, de construire son identité, de devenir « quelqu'un » pour soi-même et pour autrui. Cette manière de concevoir l'économie invite à reconsidérer d'une part la façon dont elle rend compte des motivations des acteurs économiques, et donc la théorie de la rationalité, et d'autre part son approche du collectif. Des pistes existent pour développer ce regard différent sur l'économie. Je vais évoquer, à titre d'illustration, deux références qui pourraient aider ce changement de regard.

Pour rendre compte des motivations qui expliquent les comportements humains, la théorie économique utilise le langage de la rationalité. Or la théorie dominante est fondée sur une approche très réductrice de la rationalité, qualifiée souvent de « rationalité instrumentale », car mobilisant exclusivement la capacité calculatrice de l'homme. Comme si le choix humain était toujours le résultat d'un calcul coût-bénéfice réalisé en fonction des intérêts de l'individu. Aucune place dans cette approche pour des normes éthiques ni sociales. Pourtant dans la réalité on voit toujours des comportements économiques qui ne répondent pas à cette rationalité instrumentale. C'est évidemment le cas de l'économie solidaire évoquée auparavant, mais également de l'économie classique, où l'on voit souvent des comportements qui ne sont ni le résultat d'un calcul, ni celui d'une maximisation de l'intérêt individuel. Des choix faits par obéissance, par loyauté ou fidélité, ainsi que par imitation ou par coutume, sont courants dans les affaires économiques les plus classiques. Une autre théorie de la rationalité est nécessaire, ou plutôt, comme dit Olivier Favereau, une théorie de l'identité, car « l'agent économique n'est pas seulement consommateur de biens, il est aussi consommateur de sens[1] ».

La théorie de la rationalité instrumentale a été revisitée et reformulée par plusieurs auteurs. Nous faisons référence ici au travail réalisé dans ce sens au sein du courant appelé « économie des conventions », car il fait directement le lien avec une approche sur l'identité. À partir d'une rationalité considérée comme limitée, située, interprétative et critique, le courant peut concevoir un agent en interaction permanente avec le collectif, de sorte qu'il est défini par l'identité collective et qu'en même temps il contribue à la modifier[2]. La rationalité est *limitée* car l'individu ne peut ni accéder à toute l'information nécessaire ni la traiter avant de faire un choix. On prend ainsi en compte l'existence d'un environnement incertain (infinité de possibles dont certains inconnus) et complexe (infinité de manières de se représenter

1. Olivier Favereau, « La science économique entre orthodoxie et hétérodoxie », *Problèmes économiques*, n° 2734, 31 octobre 2001.

2. Voir notamment : Franck Bessis, Camille Chaserant, Olivier Favereau et Olivier Thévenot, « L'identité sociale de l'*homo conventionalis* », *in* François Eymard-Duvernay, *L'Économie des conventions. Méthodes et résultats*, t. I : *Débats*, La Découverte, coll. « Recherches », 2006, p. 181-195.

un choix, dont aucune ne s'impose absolument). Pour prendre une décision, l'individu va construire une représentation de l'ensemble des choix à partir seulement d'une partie de l'information qu'il va sélectionner en fonction de ses possibilités. La rationalité est également *située*, c'est-à-dire que les informations sélectionnées pour faire le choix varient selon la situation. Par exemple, le contexte géographique ou culturel dans lequel se trouve l'individu va conduire à des sélections d'informations et donc à des décisions différentes face à un même type de choix à faire. Ensuite, la rationalité est *interprétative*, car une même situation peut être objet de représentations différentes. La manière de qualifier un objet ou d'identifier une personne mobilise la capacité interprétative de l'individu, en plus de sa capacité calculatrice. Enfin, la rationalité est *critique*, c'est-à-dire que les individus doivent avoir accès à une extériorité depuis laquelle il leur est possible de se désengager de la situation pour porter sur celle-ci un jugement. Cette *extériorité* est constituée autant par des représentations collectives que par l'interaction de l'individu avec les autres membres du collectif auquel il appartient.

Nous ne faisons ici qu'approcher rapidement une réflexion très poussée et pointue sur les différentes formes de rationalité qui caractérisent l'individu. L'idée est de montrer que du moment que l'on abandonne l'hypothèse de la rationalité instrumentale et que l'on prend en compte l'incomplétude et la complexité de la personne humaine et de son environnement, l'identité apparaît comme une dimension incontournable pour penser le comportement économique. Une identité qui n'est pas unique et figée, mais, bien au contraire, plurielle, interactive et en changement permanent. La capacité cognitive limitée et située de l'individu ainsi que sa capacité d'interprétation et de jugement déterminent ses choix autant sinon plus que sa capacité de calcul. Et l'extériorité associée à sa capacité critique fait intervenir d'autres références que son seul intérêt dans la décision à prendre.

L'économie des conventions permet ainsi de penser, au cœur même de l'activité économique, comment se construit l'identité individuelle et collective. L'économie devient en quelque sorte un facteur d'identification pour l'individu. On est très loin de l'image habituelle de l'économie comme domaine désincarné et objectif, régi par les chiffres et le calcul. Du moment que l'on considère l'individu construisant son identité et celle de sa communauté d'appartenance à travers les choix économiques, l'économie n'est plus un simple moyen pour accéder aux biens, mais elle devient un vecteur porteur de sens.

Outre la rationalité et l'explication du comportement individuel de l'acteur économique, l'approche par l'identité invite à revisiter la représentation que l'économie se fait du collectif et de son fonctionnement. On utilise souvent le terme de « modèle » économique pour faire référence à un certain mode de fonctionnement. On parle ainsi de modèle de développement pour évoquer une stratégie précise de développement d'un pays ou d'une population. La prise en compte de l'identité, autant individuelle que collective, invite pourtant à penser le fonctionnement du collectif en général, et le processus de développement en particulier, sous une forme moins mécanique que celle qui est implicite dans le mot « modèle ». Inspirés par la problématique du développement durable, nous avons choisi, dans le groupe de Justice et Paix qui travaille sur ces questions, le terme de « style » de développement[1]. La notion de « style » renvoie justement à une représentation du collectif qui est moins

1. Voir notamment le dossier coordonné par Elena Lasida, « Le développement durable comme style de vie », *Transversalités*, n° 109, janvier-mars 2009, p. 9-104.

déterminée par sa mécanique que par sa cohérence interne.

La problématique du développement durable est souvent associée au changement de nos « modes de vie ». Or, quand on parle de modes de vie, on fait surtout référence aux pratiques quotidiennes : éviter les gâchis d'énergie en termes de chauffage ou d'éclairage, contrôler l'utilisation de l'eau, préférer les transports en commun et économes en énergie, acheter des produits peu polluants et durables, etc. Mais la durabilité du développement ne relève pas seulement d'un changement au niveau des pratiques ou des habitudes. Sa durabilité appelle surtout à interroger profondément le « sens » de la vie en commun. Le sens dans sa double acception : l'orientation, vers quoi elle tend, son projet, et son fondement, sa signification. Et pour évoquer le sens plutôt que la pratique, la notion de « style » nous semble plus appropriée que celle de « mode ».

Le « mode » peut basculer un peu trop vite vers le « modèle ». De fait, certains associent l'idée de développement durable à celle d'un nouveau modèle de développement qu'il faudrait mettre à la place de l'actuel. Comme si le développement durable correspondait à un modèle unique, préfabriqué, sorte de « prêt-à-porter » à prendre ou à laisser. Mais cette idée va à l'encontre même du développement durable, et c'est la raison pour laquelle la notion de « style » nous semble plus appropriée que celle de « mode » ou de « modèle ». Car le style n'est pas associé à un seul modèle, mais il peut prendre des formes multiples. Le style c'est, comme dit Merleau-Ponty, « la mise en forme des éléments du monde qui permettent d'orienter celui-ci vers une de ses parts essentielles[1] ». Le style relève de la mise en forme plutôt que d'une forme particulière, de la mise en cohérence d'un ensemble plutôt que de sa composition précise. Le style a toujours quelque chose d'indéterminé, qui ouvre vers un autre possible, tandis que le modèle évoque plutôt quelque chose d'achevé et dont le résultat est prévisible.

Nous sommes aujourd'hui confrontés au défi de trouver un autre vivre-ensemble qui soit plus respectueux de la nature et plus solidaire. Or nous le constatons chaque jour, il n'y a pas de solution miracle, il n'y aura pas de modèle de développement unique et bon pour tous. Chaque solution a des effets positifs pour les uns et négatifs pour les autres. Évoquons à nouveau

1. Maurice Merleau-Ponty, *Signes*, Gallimard, 1960, p. 68.

l'exemple des agrocarburants : moins polluants que le pétrole mais avec des effets pervers sur l'alimentation. Il en est de même pour toutes les sources d'énergie renouvelable envisagées. Par conséquent, c'est la manière de choisir plutôt que le choix retenu qui permettra de dire si la solution est « bonne » ou « mauvaise ». C'est surtout dans la manière de décider ensemble, de construire des projets collectifs que le développement pourra être qualifié de durable, de viable et de vivable.

Évidemment, il faudra avancer dans la recherche de solutions techniques, mais la technique ne résoudra pas seule nos problèmes. Une même technique peut se révéler à la fois très positive et très négative selon les urgences et les compétences particulières de chaque situation, de chaque population. Le développement sera durable surtout si nous sommes capables d'inventer de nouvelles manières de vivre ensemble : un « ensemble » qui ne soit pas le seul résultat du jeu des forces, où les plus puissants l'emportent, ni du seul compromis, où l'on est prêt à perdre seulement en fonction de ce qu'on peut gagner, mais un véritable projet bâti ensemble, où l'on croit que le collectif peut faire émerger du radicalement nouveau. C'est en ce sens que le développement durable appelle à inventer un nouveau « style » de vie : un style tel que le fait de se laisser déplacer par autrui ne soit pas perçu d'abord comme une perte de pouvoir, mais plutôt comme une capacité de créer ensemble ; où l'interdépendance ne soit pas perçue comme manque d'indépendance, mais comme possibilité de s'enrichir mutuellement ; où l'intérêt des autres ne soit pas toujours perçu comme empiétant sur mon intérêt personnel, mais comme une ouverture à des dimensions nouvelles.

Le changement de « style » suppose avant tout un changement de regard. De même que le style d'une œuvre d'art renvoie à la cohérence de l'œuvre plutôt qu'à ses formes particulières, le style de vie renvoie à ce qui donne de la cohérence à la vie plutôt qu'à ses pratiques concrètes. Le style sollicite notre capacité de perception avant notre capacité d'utilisation. Le style relève du « sens » plutôt que de l'efficacité. Du sens en termes de sensibilité, et du sens en termes de finalité. Le développement durable nous invite à penser un style de vie tel que l'on sent qu'il fait bon vivre et que la vie vaut la peine d'être vécue. Un style de vie qui donne envie de vivre. Le développement durable nous donne aujourd'hui l'occasion de revisiter notre représentation de la « vie bonne », de la vie désirée, de la vie souhaitée.

Le « style de vie », plus que le « mode de vie »,

évoque le mouvement, la dynamique, l'élan créateur. De ce fait, le style manifeste plus clairement que ce qu'il y a à faire « durer » dans le développement durable, ce n'est pas un état acquis, une situation donnée, mais plutôt la capacité créatrice de l'humain, le développement de ses potentialités.

Le développement conçu ainsi en termes de style renvoie plus à une question d'identité que de stratégie ou de fonctionnement. Du moment que c'est le sens avant même la pratique qui est interrogé et que le sens n'est pas préétabli mais à définir ensemble, on peut dire que le développement durable constitue une manière de construire l'identité collective. Une identité qui est définie par le mouvement plutôt que par des acquis, par le projet plutôt que par un passé à préserver, par la manière de faire des choix ensemble plutôt que par un quelconque patrimoine à sauvegarder pour chacun.

L'identité permet ainsi de revisiter l'idée de rationalité et de développement, deux notions clés en économie. Elle appelle une autre anthropologie et une autre sociologie que celles associées au paradigme dominant. L'économie apparaît ainsi comme le terreau de l'identité, un lieu où l'on apprend à se connaître et à se reconnaître, à être et à devenir. Un lieu où l'interaction permanente entre l'individuel et le collectif permet à chacun de contribuer à l'identité de l'autre.

L'identité, une errance qui devient itinérance

L'identité a été associée ci-dessus au devenir plutôt qu'au passé et au mouvement plutôt qu'aux acquis. Elle n'est pas figée mais en évolution permanente. Elle dit en ce sens une errance plutôt qu'une appartenance. Mais une errance qui devient itinérance[1]. Et nous avons vu que l'économie peut contribuer à construire cet itinéraire de vie. Pour penser cette itinérance, l'histoire biblique peut nous donner quelques repères, car ses récits sont ceux d'une longue marche, marquée par l'exode et l'exil, des départs et des arrivées.

La marche traverse toute l'histoire biblique, depuis Abraham qui inaugure ce premier grand départ du peuple vers la terre promise, jusqu'à Paul et ses compagnons qui partent annoncer la Bonne Nouvelle aux contrées les plus éloignées.

---

1. L'expression « passer de l'errance à l'itinérance » provient de Gilles Rebêche, « La culture d'alliance avec les pauvres », in *Avec les pauvres, tous acteurs-chercheurs*, Cahiers de l'Atelier, n° 514, septembre 2007.

Le mouvement est permanent, comme si l'identité du peuple était définie par le voyage et le déplacement. C'est au travers de ces déplacements multiples que l'essentiel de ce qui constitue et fait vivre le peuple va se dire, se formuler et se reformuler en permanence, s'interroger et se reconstruire sans cesse, comme un fondement insaisissable, une source inépuisable. Et chaque récit, en même temps qu'il révèle quelque chose de cet essentiel, invite à aller plus loin. Chaque récit est à la fois une arrivée et un départ. L'identité est ici dessinée plus que jamais par la mise en mouvement plutôt que par la stabilité, par la visée d'un ailleurs plutôt que par le contenu de ce qu'on a déjà, par l'avenir plutôt que par le passé.

Je voudrais évoquer ici deux récits, qui se trouvent aux deux extrémités de l'histoire biblique et qui racontent deux types très différents de déplacement. Le premier concerne Abraham et l'autre Jésus. L'un se trouve dans l'Ancien Testament et l'autre dans le Nouveau Testament. Dans l'un, c'est Abraham qui traverse des frontières, dans l'autre ce sont les frontières de la mission de Jésus qui se déplacent.

L'histoire d'Abraham est parmi les plus connues de la Bible : il est appelé par Dieu à quitter son pays et à se mettre en marche, avec tout son peuple, vers la terre promise. Commence ainsi un long voyage vers une destination inconnue, voyage qui sera marqué par d'innombrables épreuves. Tout au long de ce périple, chaque fois qu'Abraham dépasse une difficulté et arrive en un lieu où il peut se reposer, il va dresser un autel pour son Dieu (Gn 12, 1-9). Il ne réutilise jamais ces autels, qui restent comme des traces sur le chemin parcouru. Des traces de l'identité qu'Abraham et son peuple construisent à travers la marche. Les autels dressés tout au long du chemin montrent bien que l'identité du peuple se construit en référence à son Dieu. Pourtant ce Dieu ne peut pas être contenu ni retenu dans un lieu ou un objet particulier. Aussi vite construits, ces autels sont abandonnés. Ils signifient des lieux où la rencontre entre Dieu et son peuple a eu lieu, mais ils n'ont pas vocation à devenir des lieux fixes de rencontre. L'identité du peuple définie autour de son Dieu est, comme celle présentée auparavant, toujours en mouvement, toujours en construction, toujours en marche vers quelque chose d'autre. Or l'histoire de ces autels dressés au long du chemin dit également l'importance des traces qui font de l'errance un itinéraire. Elles disent le sens du chemin parcouru, des combats livrés, des difficultés traversées et donnent continuité à l'inconnu qui se découvre, pas à pas.

Comme les rencontres du « goût de l'autre », celles qui ont lieu autour de chaque autel construit n'ont aucune efficacité historique. Et pourtant elles disent, d'une certaine manière, l'essentiel de ce que l'on est et de ce que l'on devient. À travers ces rencontres éphémères et sans utilité pratique se révèle et se dessine l'identité de chacun et du groupe. Le repas partagé, l'autel dressé, n'ont pas vocation à s'institutionnaliser. Ils sont des lieux de passage. Mais c'est dans ces passages que la rencontre devient une grâce et qu'elle permet de construire le projet. Plus encore, ce sont ces passages éphémères mais continuels qui poussent toujours à quitter un lieu pour aller plus loin, et qui transforment l'errance en itinérance.

L'économie invitée à se penser sous le mode de l'identité plutôt que sous celui de la rationalité, et comme style plutôt que comme modèle de développement, devrait être attentive à ces arrêts nécessaires, sans utilité ni efficacité, où l'échange est vécu comme une grâce et la rencontre comme une fin en soi. Si l'économie peut être un terreau où se construit l'identité, elle doit faire place à ces passages qui permettent tout simplement de célébrer la vie sans chercher uniquement à satisfaire ses besoins. Évaluer l'activité économique et le travail autrement que seulement en termes de productivité et de rentabilité financière, y faire place au temps « improductif » de la convivialité, à la reconnaissance de l'apport de chacun autrement qu'à travers le seul salaire payé, au temps « perdu » pour prendre soin des collègues du travail, c'est faire de l'économie un lieu où se construit l'identité.

Le voyage qui concerne Jésus n'est pas physique mais mental et spirituel. À travers la rencontre d'une femme syro-phénicienne, et donc païenne, c'est-à-dire non juive, Jésus va découvrir que sa vocation ne se limite pas au peuple juif (Mc 7, 24-29). La femme vient demander à Jésus de chasser le démon qui s'est emparé de sa fille. Et les paroles de Jésus à l'égard de la femme sont très dures voire méprisantes : « Laisse d'abord se rassasier les enfants, les rejetons, car il n'est pas bon de prendre le pain des enfants, des rejetons et de le jeter aux petits chiens » (Mc 7, 27). Les païens étaient considérés par les juifs comme impurs. La mission de Jésus s'adresse avant tout aux juifs, qualifiés ici d'enfants et de rejetons, à la différence des non-juifs, associés ici aux petits chiens. Mais la femme va reprendre la même métaphore utilisée par Jésus, et elle va la renverser : « Seigneur, les petits chiens aussi, dessous la table, mangent les miettes des petits enfants » (Mc 7, 28). La parole de la femme va déplacer Jésus : il parlait du haut de la table, en terrain connu, et la femme va l'emmener en dessous de la table, en terrain inconnu. Cet élargissement et cette universalisation de la mission de Jésus qui se produisent à travers la rencontre avec la Syro-Phénicienne, interroge et déplace également l'identité de ceux qui suivent Jésus. Les frontières de son message éclatent. Par cette femme d'« en bas », il se sent appelé à quitter le haut. La rencontre avec l'étrangère, avec celle qui est d'ailleurs, lui ouvre un nouvel horizon et lui révèle sa propre mission. Jésus va répondre à la femme : « À cause de cette parole, va, le démon est sorti de ta fille » (Mc 7, 29). Dans ce voyage auquel Jésus est invité par la femme païenne, il est dit, d'une certaine manière, que la rencontre avec l'étranger est ce qui nous révèle le plus profond de ce qui nous constitue. C'est la différence qui fait émerger l'unique, et l'universel qui fait émerger le singulier. L'identité se révèle et se construit dans la rencontre de la différence.

Dans cette guérison, par ailleurs, et à la différence de bien d'autres ainsi que du même épisode raconté dans l'Évangile selon saint Matthieu (Mt 15, 21-28), ce n'est pas la foi de la femme qui est la cause de la guérison, mais sa parole. Le récit ne rapporte ni parole ni geste d'exorcisme de la part de Jésus. Celui-ci ne fait que constater un état de fait qui s'explique par la parole de la femme. Tout se passe comme s'il n'était pas l'opérateur de la guérison, mais celui qui la reconnaît à l'œuvre à cause de la parole de la Syro-Phénicienne[1]. C'est la parole de l'étrangère qui déplace Jésus et permet la guérison de la fille. Le signe est très fort : la femme a besoin de Jésus pour guérir sa fille, mais Jésus a besoin de cette parole inattendue de la femme pour opérer la guérison et, de ce fait, redécouvrir sa mission. L'identité de chacun est définie par le déplacement provoqué par l'autre.

Dans le « goût de l'autre » c'est justement la rencontre entre deux cuisines qui met chacune en valeur, c'est la différence qui transforme l'habitude en exception et le banal en extraordinaire. L'identité de chacun se formule grâce au regard surpris de l'autre qui fait prendre conscience du trésor unique porté par chacun. La femme syrophénicienne ainsi que le cuisinier étranger déplacent leurs interlocuteurs qui, grâce à ce déplacement, redécouvrent leur centre. C'est l'ouverture qui ramène au plus profond de soi-même.

L'approche par l'identité et par le style

1. Voir le commentaire de ce récit dans André Wénin, Camille Focant, Sylvie Germain, *Vives femmes de la Bible*, Lessius, 2007, chap. 17.

devraient ouvrir l'économie à cette rencontre avec ce qui lui est étranger. Elle maîtrise le calcul et construit des modèles, mais c'est peut-être ce qui est considéré comme irrationnel et non mesurable, échappant à toute prévision et toute modélisation, qui peut lui faire redécouvrir un sens nouveau, ou plutôt son sens profond, celui donné par les premiers penseurs en économie, qui cherchaient à expliquer comment faisaient les hommes pour vivre ensemble plutôt qu'à assurer l'équilibre du marché.

Pour que l'errance devienne itinérance, il faut donc des autels qui marquent le chemin et des rencontres qui l'ouvrent vers l'inconnu. Ces marques et ces ouvertures appellent à intégrer au sein même de l'économie une dimension qui échappe au calcul et au modèle, et qui est d'ordre symbolique plutôt que matériel. Ce sera l'objet du prochain chapitre.

CHAPITRE 8

L'économie, symbole d'un nouveau possible

L'identité est une errance qui devient itinérance. Or l'itinérance a besoin de traces, de « signes » pour se rendre visible. L'économie, lieu de production et de circulation de biens et de services, est également un lieu de construction symbolique. Elle véhicule des images de vie et de mort, elle ouvre et ferme l'avenir, elle rend esclave et libère.

« Comment va ton regard ? »

Au Chiapas, dans le Sud-Est mexicain, au cœur de la forêt Lancadona, il y a un petit village appelé La Union. Paradoxalement, ce village est marqué par la désunion. Il est séparé du monde, comme arrêté dans le temps, loin de toute « civilisation », ou plutôt de « notre » civilisation, et divisé en deux communautés, l'une plus proche du gouvernement, l'autre formée de zapatistes. Ce village est habité par des « hommes de maïs », comme disait Marcos, sous-commandant de l'armée zapatiste. Des petits champs de maïs dans la forêt annoncent la proximité des maisons. Ces grandes tiges qui se dressent vers le soleil avec les bras ouverts pour accueillir sa lumière et sa force symbolisent bien le combat de ces hommes et de ces femmes pour garder leur identité. Ils semblent fragiles mais ils ont une force de vie incommensurable. Ils sont des guetteurs de lumière et d'avenir. Oui, d'avenir, eux qui, de l'extérieur, sont considérés comme arrêtés dans le passé, non développés, non civilisés. Ils ont une histoire faite d'errance et d'itinérance, de nomadisme et de sédentarisation, de fuite et d'enracinement, de sang et de vent. Ils appartiennent à une multiplicité de communautés indiennes différentes : chacune a sa langue, ses habits très colorés mais singuliers, ses habitudes... Mais tous sont marqués par le signe de la persécution, chassés des terres par les militaires, tués comme des moins que rien. Ils s'accrochent pourtant à la vie, avec une obstination qui peut sembler irrationnelle, comme si la menace et la survie réveillaient en chacun le souffle vital le plus précieux. Comme si c'était dans l'extrême fragilité que l'essentiel de la vie arrivait à émerger et à se dire.

J'ai vécu presque un mois avec eux, dans le cadre d'une mission d'observateurs de la paix. Ces communautés indiennes isolées du monde étaient la cible fréquente des militaires qui les encerclaient et les harcelaient afin de les pousser à quitter leurs terres. L'isolement géographique donnait carte blanche aux militaires qui se permettaient tous les excès sans avoir à en rendre compte à quiconque. C'est ainsi que se sont organisées des brigades d'observateurs de la paix avec des personnes provenant de tous les pays qui arrivaient avec une unique mission : être là. La seule présence de la société civile internationale dans les communautés jouait ainsi un rôle de dissuasion pour les militaires. Je suis arrivée à La Union avec la mission d'observer la paix. Mais, en fait, ces hommes et ces femmes de maïs ont transfiguré mon regard sur le monde. Je venais pour observer et protéger. Et ce sont eux qui ont percé mon regard et brisé mes murailles.

Ces hommes et ces femmes de maïs communiquent plus par le regard que par la parole. Signe de l'importance que le regard joue dans leur vie, au lieu de notre traditionnel : « Ça va ? », ils demandent : « Comment va ton regard ? » Ils savent bien que la couleur et la lumière que prennent les choses extérieures dépendent de l'humeur de la personne qui les regarde. La conversation se situe ainsi dès le départ au niveau existentiel. On ne parle pas de la réalité en soi, mais de la manière qu'a chacun de la percevoir. Signe de sagesse que de situer la parole, la sienne et celle de l'autre, toujours dans le cadre de la perception et donc de l'expérience vécue par chacun.

Je voudrais évoquer ici le regard d'une femme, Emiliana. C'est avec elle que j'ai passé le plus de temps, partageant tout simplement son quotidien. Un quotidien totalement déterminé par son appartenance familiale et communautaire. Elle a toujours un enfant sur son dos et trois ou quatre qui courent autour d'elle, elle est toujours en compagnie de sa famille ou d'autres femmes, et toujours en activité : elle moud le maïs, prépare les tortillas, grille le café, frotte le linge, nourrit les enfants, balaie la maison..., et cela recommence, mille et une fois. Au rythme du moulin de maïs, elle nous interroge : « Comment c'est, chez vous ? » Alors une certaine tristesse mêlée d'illusion envahit son regard quand elle découvre que l'on peut vivre sans maïs et sans enfants. Emiliana est toujours occupée mais elle n'est jamais pressée. Chez elle, on a l'impression que le temps est arrêté et pourtant la vie y est bien rythmée par le maïs, le soleil et la pluie : c'est peut-être qu'elle sait prendre le temps au lieu de se laisser prendre par lui. Accompagnée par la cadence du moulin à maïs, Emiliana rêve d'un ailleurs qu'elle ne connaît pas mais qu'elle imagine sûrement libérateur. Pourtant, Emiliana ne soupçonne pas que c'est son temps rythmé par le maïs et coloré par ses rêves qui a introduit des instants d'éternité dans ma vie trop pleine de provisoire.

Paradoxalement, le regard d'Emiliana m'a conduite vers celui d'une autre femme qui, en apparence, représente tout le contraire. Elle s'appelle Belia ; elle habite à l'autre extrémité du continent latino-américain, en Uruguay. Tout sépare ces deux femmes qui appartiennent pourtant au même continent : au-delà de milliers de kilomètres, l'une habite la périphérie de la ville, l'autre le cœur de la forêt ; l'une a un seul enfant, l'autre en a six ; l'une a été meurtrie par la rupture de son foyer, l'autre se bat pour ne pas étouffer dans le sien.

Quand j'ai connu Belia, elle avait choisi la mort. Son mari était en prison, victime de la dictature, son fils s'était éloigné, elle n'avait plus de raison de vivre. Elle s'était abandonnée à la folie, et sa folie m'a désarmée. Belia m'a fait découvrir un monde dont j'ignorais l'existence, un monde auquel ma raison et ma volonté n'avaient pas accès : le monde sombre et autarcique des hôpitaux psychiatriques, le monde isolé et sans logique de ceux qui refusent la vie. C'est un monde sans besoins et sans désir, un monde sans temps et sans structure. Tous mes arguments en faveur de la vie s'écroulaient face à cette traversée de la mort. Quand j'ai été complètement désarmée, c'est-à-dire que je croyais qu'elle était définitivement perdue, égarée à jamais, et que je n'y pouvais rien, je l'ai vue ressusciter. Belia m'a révélé le mystère profond de la vie, de la vie arrachée à la mort, non pas à force de volontarisme mais grâce à un je-ne-sais-quoi, non pas dans le combat en plein jour mais dans le secret de la nuit. C'est sûrement l'amour gratuit de ses voisins, qui ont pris soin d'elle au quotidien, qui a créé les conditions pour qu'elle recommence tout doucement à désirer la vie. Mais Belia m'a appris qu'il y a dans la vie quelque chose qui échappe à nos soins et à nos efforts et qui dépasse toute efficacité historique. Belia m'a appris à croire en la résurrection.

L'histoire d'Emiliana n'a en apparence rien de commun avec celle de Belia. Tandis que celle-ci a traversé le vide de la solitude, de la séparation et de l'isolement, Emiliana n'a pas une seule minute pour être seule. Si Belia a sombré dans le vide, Emiliana risque au contraire d'étouffer dans le trop-plein.

Belia et Emiliana, deux histoires de femmes qui n'ont rien en commun et rien d'exceptionnel si ce n'est que la vie même est devenue exceptionnelle dans chacune de leurs histoires : l'une a gagné le combat de la folie, l'autre a transformé le quotidien en rêve. Leurs multiples différences disparaissent ainsi autour de ce qui est pour toutes les deux essentiel : le désir de vivre, un désir à la fois silencieux et criant, à la fois obstiné et non maîtrisable, qui a donné à ces femmes la capacité de faire du quotidien quelque chose d'exceptionnel.

Et ce désir de vie se dit plus par le regard que par les paroles. C'est le regard de Belia, perdu dans l'obscurité du non-sens qui un jour a commencé à laisser passer la lumière et à parler de vie. C'est le regard d'Emiliana qui s'échappait un instant de ses multiples tâches domestiques et nous disait ses rêves secrets d'un monde imaginaire. « Comment va ton regard ? » Le mien a été transformé par le regard de ces deux femmes et de tous ceux qui m'ont appris à désirer la vie, surtout là où elle paraît meurtrie et sans avenir.

L'image entre icône et idole

Le regard donne aux choses une couleur et une lumière particulières. Un même objet peut être vu noir et opaque par les uns, et blanc et resplendissant par les autres. Le regard donne à l'objet une image. À travers l'image, il s'établit une relation singulière entre la personne et l'objet. Ainsi un même bien peut-il renvoyer à celui qui le regarde des images et des représentations fort différentes. Je voudrais évoquer ici deux types d'images qui appartiennent au domaine religieux, mais qui peuvent être appliqués à n'importe quel autre domaine de la vie, car ils véhiculent, à travers leur représentation du religieux, deux manières différentes de regarder. Il s'agit de l'icône et de l'idole.

Pour caractériser ces deux types d'images, je m'appuierai sur l'étude faite par Marie-José Mondzain sur la crise de l'iconoclasme byzantin[1]. L'icône et l'idole constituent des images de la transcendance, c'est-à-dire des manières différentes de rendre visible l'invisible. Je reprends ici, de manière très synthétique, trois différences

1. Maria-José Mondzain, *Image, icône, économie*, Le Seuil, 1996.

majeures soulignées par Marie-José Mondzain entre ces deux formes d'images.

Dans l'idole, l'objet se confond avec la transcendance. Il devient une *représentation* de l'invisible qu'il veut donner à voir. L'idole fige l'invisible dans l'objet. En revanche, l'icône apparaît plutôt comme un *tableau*. Elle ne se situe pas dans le registre de la représentation ou de la fiction. Elle évoque, elle suscite quelque chose. Elle instaure un regard plutôt qu'un objet. Elle ne vise pas la ressemblance avec l'invisible mais plutôt la mise en relation à travers le regard.

Ensuite, l'objet idolâtrique *élimine le manque*, recouvre le vide, tandis que le tableau iconique *figure le manque*, il renvoie au vide. Dans l'icône, c'est la pression de l'absence qui fait tout le poids de l'autorité. Quand on regarde une icône, on se sent à la fois regardé et renvoyé ailleurs. L'icône instaure un mouvement à travers le regard, car elle fait place au vide, tandis que l'idole cherche à combler le vide et, de ce fait, elle fige le regard sur l'objet.

Enfin, quand l'idole produit une *fascination passive*, l'icône agit, *transfigure* : qui la voit se voit, qui la voit se sent vu. Marie-José Mondzain parle alors d'une sorte de « mimésis » qui s'opère à travers l'icône : elle imite une vision, non pas celle de l'homme sur les choses, mais le regard imaginé de Dieu sur les hommes.

Cette manière de distinguer l'idole de l'icône montre bien que la différence ne se situe pas dans l'image elle-même, mais dans le type de rapport que l'image instaure avec celui qui la regarde, c'est-à-dire dans la médiation qu'elle opère entre l'observateur et l'observé. La différence réside dans le regard suscité par l'objet plutôt que dans l'objet en soi.

En ce sens, je pourrais dire qu'Emiliana et Belia ont été pour moi des icônes. Ce que j'ai vu dans chacune d'elles, ou plutôt, ce qu'elles m'ont donné à voir, ce n'est pas un mode particulier de vie mais, tout simplement, l'envie de vivre. Si je les ai vues comme des icônes, ce n'est pas parce que leurs vies représentent un modèle de sainteté, mais parce que leurs regards m'ont révélé un désir profond de vie. Leurs regards ne m'ont pas enfermée dans les limites d'une réalité historique particulière. Ils m'ont renvoyée au-delà d'elles-mêmes et au plus profond de moi-même. L'icône est l'objet ou la personne qui suscite ce type de regard. Ce ne sont pas les caractéristiques précises de l'objet ou de la personne qui font d'eux une icône, mais le mouvement qu'ils instaurent en les regardant.

L'image iconique peut ainsi être associée à

l'idée de « symbole » : c'est un objet qui renvoie à quelque chose d'autre que lui-même. Ce n'est pas son utilité mais sa signification qui importe. L'étymologie du mot « symbole » indique qu'il est la conjonction de deux mots grecs : *sum*, qui signifie « avec », « ensemble », et qui évoque donc l'idée de « réunir » ; et *ballein*, qui signifie « jeter ». Il y a de ce fait dans le mot « symbole » deux mouvements contraires : d'une part celui de jeter, de faire partir, de répandre, de disperser, et d'autre part celui de réunir, de rassembler, de relier. Le symbole produit ce double mouvement en apparence contradictoire : il met de la distance, il renvoie au-delà de lui-même, et en même temps il rapproche, il relie des réalités de nature différente. Le symbole met en mouvement, mais si le mouvement s'arrête, le symbole se confond avec l'objet, l'icône devient idole.

La différence entre icône et idole permet ainsi de mieux saisir l'enjeu du symbole et également son risque. Le symbole instaure un mouvement, il renvoie ailleurs et ramène à soi, il donne à voir mais ne fige pas le regard. Le symbole est l'icône de quelque chose de très lointain et de très proche, d'insaisissable et de saisissant. Cette contradiction est nécessaire, ce mouvement est indispensable pour que l'icône ne devienne pas idole.

C'est encore une autre manière de dire en quoi Emiliana et Belia sont des icônes : leurs histoires sont devenues symbole de quelque chose qui est en lien direct avec leurs vies mais qui les dépasse totalement, quelque chose de très singulier qui renvoie à l'universel de toute vie humaine. Emiliana et Belia sont pour moi symbole de la vie qui traverse la mort, symbole de l'extraordinaire qui émerge dans la routine du quotidien, symbole de la transcendance qui jaillit au sein de l'immanence.

L'icône est ainsi une invitation et un appel : invitation au départ, appel au retour. Une invitation à faire une expérience de transcendance et un appel à l'existence. Une invitation à lâcher prise et à se laisser emporter au-delà de soi-même, un appel à rentrer au plus profond de soi-même pour faire ressortir ce qu'il y a de plus précieux. L'icône est la conjonction de ces deux mouvements contraires. Car le départ sans retour devient fuite, et le retour sans départ devient repli. L'icône invite en même temps à quitter et à rentrer.

Tout symbole a vocation à devenir icône. Mais de ce fait même, il risque toujours de se transformer en idole. Quand l'image fige au lieu de mettre en mouvement, quand l'aller se fait sans retour, ou le retour sans aller, le symbole devient idole. Au lieu d'ouvrir, il enferme. Au lieu de relier, il enchaîne. Au lieu de libérer, il rend esclave.

La vie a besoin de symboles pour se dire et pour se construire. Mais le symbole peut aussi bien enfermer sur soi et devenir idole, que renvoyer ailleurs et devenir icône. Nous pouvons maintenant revenir sur l'économie pour interroger l'image qu'elle véhicule de la vie : idole ou icône ?

De l'économie de salut au salut de l'économie

L'économie est associée à la vie et notamment aux conditions matérielles qui la rendent possible. Or une vie réduite aux conditions exclusivement matérielles est une vie morte. La dimension matérielle de la vie est une condition mais pas une finalité. L'économie fait ainsi face à un défi majeur : elle est à la fois essentielle et secondaire. Elle doit assurer des conditions vitales et elle doit aider à s'en détacher. Elle doit à la fois sécuriser et libérer. C'est tout le rapport aux biens qui est ici interrogé. La référence au symbole peut alors aider l'économie à retrouver sa juste place :

centrale et marginale à la fois, essentielle mais aussi secondaire.

Comment penser la dimension symbolique de l'économie ? La référence à l'icône et à l'idole peut se révéler en ce sens utile. L'économie est perçue comme une idolâtrie quand elle prend la condition matérielle de la vie pour sa finalité ultime. L'humain représenté uniquement comme consommateur et la société approchée exclusivement à travers sa capacité de consommation transforment l'économie en idole du bien-être. Le bien de consommation se confond avec le bien-être qu'il peut contribuer à rendre possible, la finalité se confond avec l'objet. C'est ainsi que la publicité va identifier les biens dont elle fait la promotion avec certaines valeurs, en suggérant que la consommation de ces biens permet d'accéder de manière mécanique aux valeurs associées : une voiture qui donne de la liberté, de la joie, un vêtement qui donne de la beauté, des baskets qui donnent du pouvoir, une montre qui donne du prestige... L'économie devient ainsi une idole, qui sera vénérée par les uns et bafouée par les autres. Elle sera dans tous les cas érigée en divinité, salvatrice pour ceux qui la défendent, diabolique pour ceux qui la critiquent.

À la différence de cette représentation de l'économie, les chapitres précédents nous ont permis de dessiner un autre visage qui s'apparente plus à l'icône. Le but n'est pas, bien sûr, d'opposer deux conceptions de l'économie mais plutôt de récupérer sa dimension symbolique pour montrer que son effet, maléfique ou bénéfique, ne relève pas de sa nature mais du rapport que nous établissons avec elle. C'est le regard que nous portons sur l'objet plutôt que l'objet lui-même qui fait de lui une icône ou une idole. Il en va de même pour l'économie : son caractère iconique ou idolâtrique dépend de notre regard. Et, pour libérer le regard, il faut retrouver le symbole.

Une petite remontée dans le temps, accompagnés encore une fois par Marie-José Mondzain, nous permettra de retrouver une référence à la notion d'économie d'ordre essentiellement symbolique. Nous nous servirons ensuite de cette référence pour revisiter la notion d'économie aujourd'hui. Il s'agit de l'idée d'« économie de salut ».

L'idée d'économie de salut est directement associée au débat sur l'icône, survenu à Byzance aux VIIIe et IXe siècles. Il s'agissait à l'époque d'une véritable crise religieuse, avec des connotations philosophiques et politiques. Le terme d'économie est alors utilisé dans le domaine religieux pour faire référence à l'articulation entre la transcendance et l'histoire humaine, autrement dit, entre le plan de Dieu et la vie des hommes. Mais comment ce terme aux résonances d'abord administratives et juridiques, visant la bonne gestion du monde réel, pouvait-il s'appliquer au domaine abstrait du sacré et de la religion ? Marie-José Mondzain essaye de répondre à cette question en se livrant à une étude approfondie de la diversité sémantique associée au terme d'« économie » dans le domaine théologique. Elle y conclut que c'est autour de sa relation à l'image, et plus précisément à l'icône, que cette articulation devient possible.

L'économie va ainsi être définie comme « l'opérateur conceptuel qui fonde une science du contexte, de l'opportunité et de l'art », c'est-à-dire de « l'adaptation de la loi à sa manifestation ou son application dans la réalité vivante[1] ». L'économie apparaît associée à la capacité d'adaptation et de flexibilité, car sa finalité est d'opérer la médiation entre la vérité absolue et éternelle et son application dans une réalité historique concrète. Tout le contraire de l'image que l'on a actuellement de l'économie, associée à des modèles abstraits qui répondent à des lois éternelles et universelles. Comme si l'économie « profane » avait quitté le rôle de médiateur

1. Marie-José Mondzain, *Images…*, *op. cit.*, p. 31.

qu'elle occupait dans l'« économie de salut » pour prendre la place de Dieu.

Or, selon Marie-José Mondzain, ce qui donne à l'économie sa capacité de gestion et d'adaptation aux circonstances, c'est l'image. « Il fallait trouver un instrument dont le message fût univoque et ne laissât plus agir la contradiction. Un instrument universel qui ignorât la barrière des langues, des frontières comme du savoir. Il fallait que cet instrument fût une sainte et divine ruse tenant compte de nos corps, de nos adhésions élémentaires et de notre affectivité. Cet instrument rationnel et magique, on l'a compris, c'est l'image iconique[1]. » C'est donc l'icône qui permet à l'économie d'opérer ce rôle de médiation entre vérité éternelle et réalité historique. C'est l'icône qui, par sa dimension symbolique, permet à l'économie d'adapter la vérité éternelle à des réalités transitoires. Si aujourd'hui l'économie a perdu sa capacité d'adaptation, c'est peut-être qu'elle a perdu cette dimension symbolique.

L'icône permet ce mouvement entre transcendance et histoire par la communication qu'elle opère entre deux formes de sacralité : le *hiéron* et le *hagion*, le sacré et le saint. Le terme *hiéron* est celui qui accompagne la terminologie du

1. *Ibid.*, p. 88-89.

sacrifice, celle des lieux vénérés, ou des personnes vénérées. Il est souvent associé à la loi et à l'institution, et de ce fait en contact étroit avec le profane. Au contraire, le terme *hagion* désigne plutôt le sacré considéré comme pureté, c'est l'« essence » du sacré qui se maintient, en conséquence, à distance de l'intervention humaine.

Ces deux notions de sacralité affrontent différentes sortes de menaces. Celle qui pèse sur le *hiéron* est la menace d'une proximité excessive avec le monde profane. Inversement, celle qui pèse sur le *hagion* est la menace du diabolique ou de la magie, c'est-à-dire celle d'une distance excessive avec le monde profane. L'icône est donc doublement menacée, mais chaque sacralité sert de contre-pouvoir aux menaces qui pèsent sur l'autre. La proximité et la distance du monde profane vont ainsi se réguler mutuellement. La communication entre ces deux formes de sacralité dote l'icône d'une puissance à la fois centripète et centrifuge : centripète parce qu'elle capte par ses formes la sainteté de son modèle, centrifuge parce qu'elle diffuse par contact et contamination la sacralité qu'elle incarne. Cette communication entre les deux formes de sacralité inhérentes à l'icône lui donne un « statut relationnel » qui s'oppose au lien statique et unidirectionnel établi par l'idole. Le regard iconique laisse une place vide pour que la relation puisse circuler. Le regard idolâtrique, au contraire, ne laisse aucune place vide car on est englouti et paralysé, absorbé et pétrifié, par une puissance totalement étrangère et extérieure.

En conclusion, l'économie de l'« économie du salut » apparaît fondamentalement comme une science du contexte qui a surtout un rôle de médiation entre transcendance et histoire. Cette médiation s'opère à travers l'icône, par la communication qu'elle rend possible entre le sacré et le profane. La dimension symbolique de l'icône, caractérisée par ce double mouvement centripète et centrifuge qui rassemble et projette, empêche l'économie de devenir idolâtrique. Nous avons sûrement là une piste intéressante pour retrouver du symbolique dans l'économie actuelle : instaurer du mouvement entre les contraires qui la constituent et faire place au vide pour que le mouvement puisse se produire. Ce symbolique permettrait de retrouver une économie capable de s'adapter aux circonstances plutôt qu'une économie rigide qui s'impose comme modèle absolu. L'économie de salut nous donnerait des pistes pour sauver l'économie profane de l'idole. Le symbole ne transforme pas automatiquement l'économie en icône, mais il crée le mouvement pour que cela devienne possible.

Deux exemples actuels peuvent illustrer ce que la dimension symbolique permet d'introduire dans l'économie et la manière dont elle déplace le regard qu'on lui porte. Deux exemples qui sont à nouveau tirés, l'un de l'économie solidaire, l'autre du développement durable.

Les pratiques de l'économie solidaire se servent beaucoup de la dimension symbolique dans l'image qu'elles cherchent à donner à l'extérieur. Une recherche approfondie serait à faire sur ce que leurs symboles produisent en comparaison des signes et stratégies de communication utilisés par la publicité classique. Je me limite ici à évoquer deux exemples qui suscitent, je crois, une relation iconique plutôt qu'idolâtrique. Il s'agit de la manière dont se présentent deux organismes qui travaillent dans des domaines différents mais toujours au service de l'utilité sociale. C'est le cas d'une part, de La Nef, institution de microfinance qui soutient et accompagne des porteurs de projets à utilité sociale, qui n'accèdent pas aux crédits bancaires classiques. Pour se présenter, elle a choisi la formule suivante : « La Nef : pour que l'argent relie les hommes. » Une invitation au déplacement est faite à travers cette formule : les institutions financières vont en général centrer leur publicité autour du prix de l'argent et essayer de se différencier des concurrents par le taux d'intérêt pratiqué. La Nef, au contraire, identifie son activité financière par la finalité avec laquelle l'argent placé est utilisé plutôt que par le prix pratiqué. Et plus encore, elle opère une sorte de dé-diabolisation de l'argent en soulignant que, contrairement à la représentation habituelle, l'argent peut aider à relier les hommes. En termes de prix, épargnants et emprunteurs ont évidemment des intérêts opposés. En termes de projet, ils peuvent peut-être devenir des partenaires plutôt que des rivaux. La Nef, comme le navire évoqué par son nom, invite à prendre le large. Elle ne promet ni sécurité ni rentabilité maximale. Elle invite à réinvestir l'activité financière d'une finalité sociale et sociétale plutôt qu'exclusivement monétaire. Le symbole déplace et ouvre un horizon nouveau au cœur même d'un des domaines les plus idolâtriques de l'économie. Et de même qu'entre le *hiéron* et le *hagion*, l'icône de la Nef met en communication celui qui a de l'argent et celui qui en a besoin.

L'autre exemple appartient au domaine de la production agricole. Il s'agit d'une association appelée Terre de liens qui, en se servant de l'épargne solidaire, achète des terres qui sont exploitées par des producteurs qui n'ont pas la possibilité d'accéder à la propriété de la terre. Ils donnent la priorité à l'utilisation par rapport à la propriété. En soustrayant les terres du marché spéculatif, l'association leur permet de retrouver leur vocation première – produire – et de garder l'équilibre écologique. Ils se présentent ainsi par la formule : « Terre de liens : une richesse à cultiver. » Le bien économique ici visé n'est pas l'argent mais la terre. C'est toujours la finalité sociale et relationnelle qui est mise en avant. Que ce soit par rapport à la monnaie ou à la terre, il est dit clairement que le but principal est de relier les hommes plutôt que de satisfaire leurs besoins. La terre a été détournée de sa mission principale et l'association cherche, à travers une nouvelle forme de gestion du foncier, à changer le rapport à la terre, à l'agriculture, à l'alimentation et à la nature. La formule déplace la signification habituelle de la richesse : de valeur monétaire, elle devient une valeur relationnelle, d'objet commercial, elle devient une source à cultiver. À travers l'icône de la terre, on véhicule une nouvelle conception de la richesse, mesurée en termes de liens et de culture plutôt qu'en termes d'accumulation monétaire. Le symbole introduit ici un autre rapport à l'économie. Si l'image de la nef invitait à prendre le large, la terre, présentée ici comme espace de rencontre et lieu de création, apparaît comme une invitation à revaloriser le terroir. Le symbolique évoque la possibilité de retrouver des valeurs perdues, sans pour autant les faire apparaître comme des promesses magiques.

Ces deux exemples de l'économie solidaire qui font appel au symbolique pour déplacer la représentation habituelle de l'économie sont en forte résonance avec des voix qui s'élèvent aujourd'hui pour réclamer en économie une place pour l'imaginaire. Cet appel se fait notamment entendre en lien avec le développement durable. Deux porte-parole de ce mouvement en faveur de l'imaginaire sont Patrick Viveret et Olivier Abel.

Patrick Viveret a initié tout un mouvement en faveur d'une nouvelle représentation de la richesse[1]. Il est également cofondateur du FAIR : Forum pour d'autres indicateurs de richesse. Il invite à débloquer l'imaginaire en utilisant le droit de revisiter des mots qui, depuis longtemps, sont objet de « coups sémantiques ». C'est ainsi qu'il propose de retrouver le sens premier des mots comme « richesse », qui a pour racine le terme indo-européen *reg*, signifiant puissance créatrice, ou « valeur », qui provient du terme latin *valere*, qui renvoie à l'idée de

1. Voir notamment Patrick Viveret, *Reconsidérer la richesse*, Éditions de l'Aube, 2003, rééd. 2008.

force de vie. Ces racines ont été pourtant amputées, car on en a retenu seulement une partie : l'idée de puissance et de force[1]. Pour retrouver le sens premier de ces mots, il faut libérer l'imagination et faire un travail de reconstruction symbolique. Pour retrouver une puissance créatrice, il faut paradoxalement accepter de perdre de la puissance, c'est-à-dire de la puissance conçue comme maîtrise et contrôle. La création suppose l'émergence du radicalement nouveau. Aucune création n'est possible si l'on n'accepte pas une certaine dé-maîtrise. Quel symbole pour dire la richesse en termes de maîtrise et de dé-maîtrise ? De même, pour retrouver la force de vie, il faudrait abandonner une certaine idée de la force, conçue surtout au sens mécanique du terme. La force de vie évoque plutôt l'énergie que le fonctionnement mécanique. Et pour que l'énergie émerge et circule, il faut une certaine fragilité. Dans la solidité et la rigidité absolues, il n'y a pas de mouvement possible et donc pas d'énergie qui puisse circuler. Quel symbole pour dire la valeur en termes de force et de fragilité ? Les notions de richesse et de valeur ont besoin d'icônes qui disent la créativité et l'énergie

1. Éditorial de la revue *Interdépendances*, n° 74, juillet-août-septembre 2009.

vitale, qui évoquent la vie autrement que par ses besoins matériels et sa cupidité. Cette reconstruction symbolique est aussi nécessaire que l'innovation technique pour rendre le développement durable.

C'est également le combat d'Olivier Abel qui en appelle à un nouvel imaginaire pour adoucir les maux de la planète[1]. Il s'agit d'un rêve qui a mal tourné : les intentions à l'origine de la modernité étaient louables, mais la société qui en a émergé dysfonctionne désormais très fortement. Et le plus grave selon ce philosophe, c'est l'incapacité de ses membres à s'ouvrir à de nouvelles possibilités. L'avenir prend souvent la forme d'une vision apocalyptique. Olivier Abel appelle alors à changer de rêve. Et pour ce faire, la religion, la philosophie et l'imaginaire culturel doivent s'y investir. Il parle d'une menace d'éboulement brutal. Pour l'éviter, il invite plutôt à multiplier les petits éboulements, à travailler de l'intérieur en fragilisant les certitudes. Il appelle à rendre les habitudes plus habitables en développant de nouveaux modes de vie plus solidaires des autres et de la nature. Mais pour que cet effritement puisse se faire de l'intérieur même de la

1. Entretien avec Olivier Abel dans la revue *Durable*, nº 36, décembre 2009-janvier 2010.

société, il faut un nouvel imaginaire collectif, une nouvelle représentation collective de la « vie bonne ». Le défi est toujours le même : quel nouveau symbole pour dire la vie et l'envie de vivre ?

L'économie a été érigée en idole autant par ses défenseurs que par ses détracteurs, divinité salvatrice pour les uns, diabolique pour les autres. Comment retrouver une relation iconique avec l'économie ? Comment sauver ce qui lui était propre dans l'« économie de salut », sa capacité médiatrice et relationnelle ? Développer sa dimension symbolique et interroger son imaginaire permettraient sûrement de déplacer le regard qu'on lui porte. « J'ai fait un rêve », disait Martin Luther King, et son rêve a changé l'Histoire. Osons alors rêver d'un nouveau possible, où l'économie serait signifiée par les liens tissés plutôt que par les biens accumulés.

Des signes d'un nouveau possible

L'économie, associée à l'argent, est souvent diabolisée, notamment dans l'univers catholique, car elle est alors considérée comme contraire au bien commun et au désintéressement prônés. Pourtant la Bible, qui constitue sa principale référence, est pétrie d'histoires d'argent, et, contrairement à l'imaginaire dominant, l'argent n'y joue pas toujours le rôle du diable. Puisqu'il s'agit de retrouver la dimension symbolique de l'économie, je voudrais évoquer ici un passage de l'Ancien Testament où il est question d'argent et de symbole.

Le récit se trouve dans le livre des Juges 17, 1-4. Il s'agit d'un fils volant de l'argent à sa propre mère. Le récit raconte comment, à la suite de la malédiction lancée par la mère contre le voleur, celui-ci, c'est-à-dire son fils, confesse son délit. Il restitue alors l'argent à sa mère, laquelle déclare vouloir le consacrer à Dieu, puis elle le rend à son fils, avant que celui-ci ne le rétrocède à son tour à sa mère. À la suite de quoi, celle-ci en prélève environ 20 % pour en faire faire une image cultuelle.

La procédure de restitution de l'argent volé semble ici particulièrement embrouillée, et les exégètes ont été fort gênés par cette double restitution du bien dérobé à la mère et par la déclaration insolite de celle-ci de rendre à son fils l'argent volé suite à la première restitution. Mais Alfred Marx propose une interprétation originale[1] à partir d'une forme de sacrifice propre au système israélite de l'époque : l'*'asam*.

1. Alfred Marx, « Sacrifice de réparation et rites de levée de sanction », *Zeitschrift für die alttestamentliche Wissenschaft*, 1988, p. 195.

Il commence par différencier deux temps dans la procédure de restitution : le premier se réalise sur un plan uniquement oral, le second est fait d'une série de rites d'échange. Dans le premier temps, la mère commence par opposer une bénédiction, ayant pour objet explicite son fils, à la malédiction qu'elle avait lancée contre le voleur anonyme. La bénédiction a pour objet de servir d'antidote à la malédiction, mais elle ne suffit pas à invalider la malédiction et c'est pourquoi il faut une procédure plus complexe. Alfred Marx précise qu'il est toujours très difficile d'arrêter les effets des bénédictions et des malédictions. Il cite comme exemple la bénédiction qu'Isaac donne à Jacob en croyant que c'était Esaü, et qu'il ne peut pas modifier une fois qu'il l'a prononcée (Gn 27).

C'est ainsi que, dans un deuxième temps, une série de rites d'échange se révèle nécessaire. La dernière phase de cette série coïncide avec la phase finale du rite de levée de sanction (*'asam*) : la mère intervient auprès de Dieu, en consacrant à Dieu ce qui lui est rendu, c'est-à-dire environ 20 % de la somme dérobée, prélevés sur la part de la victime. Alfred Marx signale alors que ce qui a intrigué les exégètes est le rite qui précède ce rite final : après avoir reçu l'argent dérobé, la mère le rend à son fils, lequel le restitue à sa mère. « Or, à considérer ce rite, on s'aperçoit qu'en fait l'argent restitué re-fait curieusement le même circuit que l'argent volé. Mais au lieu que cet échange soit un échange forcé – le fils avait volé, avant de restituer sous la pression de la malédiction –, ce nouvel échange est au contraire un échange libre : là où le voleur s'était emparé de l'argent, la mère donne, là où il avait restitué par crainte du châtiment, il rend de son plein gré. On peut ainsi se demander si la fonction de ce rite n'est pas de dé-faire en quelque sorte le vol, le vol étant rituellement effacé et remplacé fictivement par un don[1]. » Alfred Marx interprète alors la fonction de ce rite supplémentaire, qui s'intercale entre les deux temps du rite de levée de sanction, comme celle de réaliser et de compléter sur le plan gestuel ce que la bénédiction avait voulu réaliser sur le plan oral.

À travers ce récit, on voit donc la force du symbolique : le geste rituel qui transforme le vol en don est le signe de l'état du monde désiré. L'argent donné remplace l'argent volé et de ce fait la bénédiction prend la place de la malédiction. Le rituel n'a aucune efficacité opérationnelle, mais purement symbolique. L'argent n'est pas ici diabolisé comme signe d'une quelconque

1. *Ibid.*, p. 196.

cupidité qui serait à condamner. Au contraire, il devient moyen pour rétablir un lien brisé, une confiance perdue. On pourrait dire ainsi que l'argent ici est pris comme icône plutôt qu'idole : on l'utilise pour signifier le rétablissement d'une relation humaine. La dimension symbolique permet justement d'éviter le discours moraliste et donc idolâtrique sur l'argent.

Le symbole apparaît ainsi comme libérateur. Il ne s'agit pas d'une libération opérationnelle ou mécanique. Le symbole libère l'imaginaire et lui permet de dire un « nouveau possible ». Il ouvre l'avenir et permet de l'envisager sous forme de promesse plutôt que de menace. En introduisant ainsi dans l'économie quelque chose qui échappe à sa capacité de maîtrise et de contrôle, le symbole fait place à la puissance créatrice de l'humain et à sa force relationnelle. Comme les rêves qui donnent envie de vivre à Emiliana et à Belia, le symbole donnerait à l'économie la liberté de rêver d'un meilleur possible.

CHAPITRE 9

L'économie, lieu d'utopie

Le symbole relie la réalité concrète à quelque chose qui la dépasse. Il introduit alors une dimension transcendantale à la réalité historique. Retrouver dans l'économie un caractère symbolique permet justement de l'inscrire dans un a-venir inconnu mais attendu. Le symbole invite à imaginer un nouveau possible. Il est en ce sens porteur d'utopie et générateur d'avenir.

Figures d'un nouveau possible

Quelques figures peuvent d'ores et déjà alimenter l'imaginaire d'un nouveau possible. Des figures qui appartiennent au monde religieux mais qui ne se situent pas pour autant en dehors de l'histoire humaine. J'évoquerai deux figures qui sont à la fois proches et lointaines. Proches, car conduites par des hommes et des femmes qui ont fait un certain choix de vie, celui de la vie religieuse. Mais lointaines, car l'une appartient à ce qu'on appelle la vie religieuse apostolique, c'est-à-dire insérée dans la vie des autres hommes et femmes, et l'autre, à la vie religieuse monacale, c'est-à-dire à l'écart du reste de la communauté humaine. Lointaines aussi car l'une prend forme sur le continent le plus pauvre de notre planète et, si elle fait sens, c'est justement parce qu'elle dit un nouveau possible là où l'on n'attend rien de nouveau ; quant à l'autre, même si elle est devenue internationale, elle est née dans le monde occidental, dans des pays considérés aujourd'hui parmi les plus riches. Je n'évoque pas ces figures comme des modèles à reproduire mais comme des signes de la capacité créatrice de l'humain. Pour inventer l'avenir, ce qu'il nous faut, ce ne sont pas des modèles préfabriqués mais des signes qui nous disent que « c'est possible » et que l'humain en est capable.

La première figure du nouveau possible se situe en Afrique, et plus précisément dans deux pays : le Burkina Faso et le Niger. L'Afrique suscite souvent le même sentiment que Nazareth à l'époque de Jésus : « Peut-il sortir de là quelque chose de bon ? » L'expérience de ces quelques femmes africaines qui n'ont pas voulu se soumettre à la fatalité dominante qui pèse sur leur continent invite à répondre, comme Philippe à Nathanaël : « Viens, et tu verras ! » (Jn, 1, 46).

Viens, et tu verras que l'Afrique peut inventer des chemins de libération

Au Nord, nous croyons souvent détenir les solutions pour résoudre les problèmes du Sud. Même avec la meilleure volonté, même en visant sincèrement à aider le Sud à se développer et à trouver son propre chemin, il est difficile de lâcher prise quand on voit l'écart énorme en ressources et en structures institutionnelles. Et pourtant, le Sud parfois nous surprend. C'est le cas avec ce groupe de religieuses du Burkina Faso et du Niger. Leurs congrégations, soutenues financièrement par le Nord, se retrouvent soudain la « caisse vide ». Mais, au lieu de partir à la recherche de nouveaux bailleurs dans les pays riches, elles décident de mobiliser les ressources locales. Or ces ressources ne sont pas exclusivement financières et ne sont pas, non plus, reconnues comme telles. Il fallait de la créativité, de l'audace et de la confiance pour identifier et mobiliser ces ressources nouvelles. Et l'une des principales ressources qu'elles ont développées fut l'« inter ». Quand chaque congrégation cherchait à s'en sortir de son côté, elles ont proposé de faire jouer l'intercongrégation. Là où la population apparaissait soit comme bénéficiaire, soit comme concurrente de leurs activités économiques, elles lui ont proposé de devenir partenaire. Là où le Nord apparaissait uniquement comme donateur, elles lui ont proposé de devenir associé. Elles ont « inventé » des relations nouvelles entre des mondes qui étaient complètement séparés, elles ont construit des ponts à travers des frontières barbelées. Ces ponts sont très fragiles et risquent toujours de s'écrouler, mais elles ont montré que c'était possible d'imaginer une forme de solidarité nouvelle entre des univers opposés. Elles ont ainsi créé l'Association inter-instituts ensemble et avec (ASIENA)[1], qui rassemble trente-cinq congrégations féminines, certaines internationales, d'autres autochtones, autour d'un projet d'autonomie financière. L'association est constituée de deux départements : une mutuelle santé qui compte plus de huit cents sociétaires et une caisse d'épargne et de crédit destinée aux communautés religieuses et à la population pour financer des activités rémunératrices.

1. « Ensemble et avec : des religieuses africaines sur un chemin d'autonomie », Justice et Paix, 2004.

L'association a également développé des activités agricoles (culture et élevage) afin de générer des revenus pour son propre fonctionnement. Oui, ces femmes du Sud ont donné à voir un nouveau monde possible.

Viens et tu verras que les femmes peuvent être des acteurs de libération

« Les femmes et l'argent ne font pas bon ménage ! » Traditionnellement, c'est à l'homme de trouver de l'argent et de gérer le budget. En Afrique pourtant, la femme montre de plus en plus ses capacités à se « débrouiller » pour faire rentrer de l'argent à la maison et pour l'administrer, justement à cause des défaillances de l'homme à cet égard. Les religieuses africaines ont fait honneur à ce nouveau « talent » féminin. Les religieuses n'ont pas d'homme dans leurs maisons mais elles s'inscrivent dans des structures ecclésiales qui sont en général gérées par des hommes. La solution de facilité aurait été de solliciter les hommes pour mettre en place et gérer la nouvelle organisation, ou de s'associer à des institutions déjà existantes et expertes en la matière. Elles ont choisi au contraire le chemin long et difficile d'une véritable autonomie. Une autonomie qui ne vise pas l'indépendance ou l'autosuffisance mais plutôt l'interdépendance. Or pour se donner les moyens d'une véritable interdépendance, notamment à partir d'une situation d'inégalité, il faut en créer les conditions. C'est ce qu'ont fait ces religieuses, en se formant et en s'organisant entre elles, en renforçant leurs capacités et leurs compétences propres, avant d'ouvrir le projet aux hommes ainsi qu'à d'autres structures plus spécialisées. L'autonomie financière est ainsi devenue chemin de libération : elle a libéré des capacités, des savoir-faire et des savoir-être nouveaux, autant individuels que collectifs.

Viens et tu verras que l'argent peut être un chemin de libération

L'argent est souvent considéré comme corrupteur des bonnes causes, objet de convoitise et de rivalité, symbole de l'intérêt égoïste et de la seule richesse matérielle. Mais étant donné qu'on ne peut pas s'en passer, il est, au mieux, considéré comme un mal nécessaire. Le chemin parcouru par les religieuses africaines révèle, au contraire, que l'argent et l'économie en général constituent une richesse « relationnelle » et pas seulement matérielle. Autour du projet d'autonomie financière qui certes cherchait à résoudre un problème d'ordre exclusivement matériel, ces femmes ont découvert tout un potentiel de relations nouvelles qui permettait de revisiter et de refonder leur vocation religieuse. Leur rapport à la population a radicalement changé. De bénéficiaire, la population devient partenaire : le besoin économique étant partagé par les religieuses et par la population, il s'agit de chercher ensemble des solutions plutôt que de transmettre un quelconque apprentissage. Le besoin d'argent, considéré au début uniquement comme un problème de ressources financières, est devenu une chance pour revisiter et redéfinir le sens de leur projet de vie. L'argent est ainsi devenu chemin de libération : il a libéré des relations nouvelles, il a libéré du sens nouveau.

Ce projet d'autonomie financière préfigure ainsi un nouveau possible. Il ne s'agit pas d'un nouveau modèle économique à reproduire mais d'un sens nouveau pour l'économie. Ces femmes africaines donnent à voir que l'économie peut être un lieu de rencontre et pas seulement de concurrence, un lieu d'humanisation et pas seulement de destruction, un lieu de vie et pas seulement de mort. Elles donnent à voir une économie qui donne de la valeur à leur présence plutôt qu'à leurs biens.

La seconde figure du nouveau possible que je

voulais évoquer est celle des monastères. D'une part, parce qu'ils ont toujours joué, dans les différents contextes historiques où ils se sont développés, ce rôle de figure « alternative », signifiant une autre vie possible. D'autre part, parce que le principe même de l'économie monastique, indépendamment des formes concrètes prises au long de l'histoire, est fondé sur l'articulation de deux contraires, la prière et le travail. Et cette articulation me semble prophétique en ce sens qu'elle rappelle quelque chose de fondamental à l'économie quant à sa juste place dans la vie, autant individuelle que collective. Enfin, parce qu'ils constituent l'image d'une véritable mise en commun où le fruit du travail commun n'est pas partagé de manière égalitaire mais en fonction des besoins de chacun.

J'ai eu l'occasion de plonger dans l'économie monastique lors d'une intervention à l'assemblée générale de Monastic, qui s'est poursuivie par la rencontre avec l'un de ses groupes de travail. Monastic est une association qui rassemble plus de deux cents monastères de tradition chrétienne, implantés en France surtout, mais également dans d'autres pays d'Europe, avec une marque collective pour les produits fabriqués par leurs membres. C'est ainsi que j'ai découvert que l'économie monastique est de l'économie solidaire et du commerce équitable d'avant-garde. Elle répond aux mêmes principes : des produits de qualité, fabriqués dans de bonnes conditions de travail, vendus localement et à des prix justes qui n'ont pas pour objectif le profit mais la subsistance de ceux qui les produisent. Or l'évolution de la société et de l'économie, de ses normes de contrôle et de ses moyens technologiques, interroge les communautés monastiques et les incite à revisiter en permanence les fondements de leur économie. J'ai ainsi découvert que ces hommes et ces femmes, qui vivent dans des lieux clos, habillés de tunique et de capuche, avec des traditions séculaires, ne sont pas à l'écart du monde mais bien en face de lui et, à leur manière, au service de notre temps.

Les monastères ont souvent été, dans l'histoire, des pionniers en termes d'innovation technologique ainsi que des hauts lieux de production artistique et intellectuelle. Ils ont souvent été des « phares » permettant de garder le cap, notamment dans des périodes d'orages et de turbulences. Ils ont été pour des sociétés très éloignées dans le temps et dans l'espace des figures d'un « nouveau possible ». La tradition monastique en Europe est initiée par saint Benoît au IVe siècle, peu après le démantèlement de l'Empire romain et la fin des premières invasions barbares. Deux réformes monastiques ont lieu plus tard, en plein Moyen Âge : celle de Cluny au Xe siècle et celle de Cîteaux à la fin du XIe siècle[1]. Ce sont deux beaux exemples d'interaction entre les institutions de la société civile et la vie monastique. La réforme de Cluny a joué un rôle important dans l'évolution de la société féodale, libérant les monastères de la tutelle des seigneurs féodaux. En ces temps de guerres continuelles et d'insécurité, les abbayes étaient souvent les seules structures ayant suffisamment de solidité et de continuité pour assurer l'enseignement, les soins médicaux, l'hospitalité aux voyageurs et le soin des pauvres. Les monastères étaient ainsi à l'époque des îlots de civisme dans un monde de brutes : ils étaient signe d'un autre monde possible.

Mais ces îlots de bien-être sont devenus progressivement des domaines très puissants et très riches grâce aux donations reçues des grands propriétaires terriens. Cette accumulation de richesses suscite le désir de revenir à un mode de vie plus simple. La fondation du monastère de

1. Je m'inspire ici de la conférence du père Armand Veilleux, donnée au personnel de l'abbaye de Scourmont, le 9 septembre 2003, sur « Le sens du travail dans la culture monastique ».

Cîteaux répond à cette aspiration. Elle correspond par ailleurs à un moment d'essor et de développement très important des sociétés. La croissance démographique qui caractérise cette époque s'accompagne d'une innovation forte et multiple au niveau de la production agricole, avec la déforestation qui permet d'augmenter les terres arables et l'introduction de nouvelles formes de culture. L'urbanisation va également s'étendre pendant cette époque. Les abbayes cisterciennes vont jouer un rôle important dans cette mutation. Elles vont profiter de la réorganisation de la propriété de la terre pour reconstituer de grands domaines, ainsi que des nouvelles techniques agricoles (rotation triennale, charrues de fer, ferrure pour le cheval...). Mais la qualité et les conditions de travail dans les monastères cisterciens ont permis de développer ces techniques d'une manière admirable (système de granges, usage de ressources hydrauliques...). L'économie monastique révélait ainsi, et bien avant l'heure, l'interdépendance entre innovation technique et innovation sociale.

Ce rôle clé joué par les monastères dans les mutations économiques et sociales est lié aux fondements de leur économie monastique, articulée autour du binôme *ora et labora*. Toute la vie de la communauté est organisée par l'alternance entre le temps de prière et le temps de travail. On pourrait ainsi dire que la prière rythme le travail, mais aussi que le travail rythme la prière. Et ce rythme à deux voix montre des contraires qui peuvent devenir complémentaires. Chaque temps délimite l'autre. Ils se donnent l'un à l'autre du souffle, empêchant ainsi chacun de se renfermer sur lui-même. Le frère Dom Denis Huerre[1] inscrit les activités « travail et prière » dans des dimensions plus larges, celles de : « économie et liturgie ». Et il précise que ces deux dimensions renvoient aux deux besoins élémentaires de l'humanité : celui d'habiter et celui de faire. L'économie, c'est la loi de la maison, et donc la loi qu'il faut se donner pour que la maison soit un lieu humain. « Ainsi l'économie est la gestion de l'habitat par des êtres situés, par des êtres qui vont se dire humains dans la mesure où leur cohabitation est possible et féconde. À tel point que, si l'économie est une science, elle est surtout un savoir-vivre, elle est un art de vivre, disons un art de faire et d'être[2]. » Une belle définition de l'économie ! Et la liturgie est pour lui aussi un « faire » ; selon l'origine du mot, en effet,

1. Dom Denis Huerre, « Économie et liturgie », *Liturgie*, 1997, n°s 100-103, p. 209-227.
2. *Ibid.*, p. 210.

elle désigne le service, à la fois public et de nature sacrée, des hommes détenteurs d'une fonction à Athènes, au nom du peuple entier. Ainsi, l'économie et la liturgie font partie toutes les deux d'un même monde, le monde humain, reliées par le sol et le ciel. Deux manières d'habiter et de faire vivre. Reliés mais différents, ces deux moments autour desquels s'organise toute la vie monastique préfigurent un autre monde possible : un monde où le faire est habité par l'être, un monde où l'utile est habité par la gratuité.

Dans ce monde rythmé par le travail et la prière, nous l'avons dit plus haut, le fruit du travail n'est pas distribué de manière égalitaire entre ces membres, comme dans une coopérative, mais en fonction des besoins de chacun. De même, les tâches attribuées à chacun ne sont pas distribuées de manière égalitaire mais en fonction des capacités et des conditions dans lesquelles chacun se trouve. Ainsi, l'inégalité, que nous condamnons souvent au nom de la justice, apparaît ici comme signe d'une mise en commun bien plus radicale que celle d'un partage égalitaire. C'est la mise en commun qui n'est pas régulée par le critère d'« équivalence », où chacun a droit au même bénéfice, mais par le critère d'« appartenance », où chacun est reconnu et servi en fonction de ses capacités et de ses besoins singuliers. C'est le commun qui met en synergie les différences de chacun sans les niveler. C'est le commun qui respecte et valorise le particulier. C'est le commun qui préfigure un nouveau possible où l'individuel n'est pas assimilé et contraint par le collectif, mais au contraire mis au service du collectif et servi par lui. Un nouveau possible qui se dit également à travers un « temps » nouveau : le temps rythmé et cyclique des éternels recommencements plutôt que le temps continu et linéaire toujours dirigé vers l'avant. Et par un « commun » nouveau : le commun qui met en valeur le singulier plutôt qu'il ne l'anéantit.

Entre déjà-là et pas-encore, entre utopie et désenchantement

Ces figures disent le déjà-là et le pas-encore : elles sont des réalités historiques qui montrent un autre monde possible, mais en même temps elles disent que le nouveau possible est toujours à inventer. Cela correspond à la définition de l'utopie donnée par l'écrivain uruguayen Eduardo Galeano : « L'utopie est à l'horizon. Quand je fais deux pas vers elle, elle s'éloigne de deux pas. Je fais dix pas et elle est dix pas plus loin. À quoi sert l'utopie ? Elle sert à ça, à avancer[1]. »

C'est aussi l'histoire du célèbre Don Quichotte, qui vivait dans le rêve et l'illusion, mais toujours accompagné de son alter ego, Sancho Pança, qui le ramenait à la réalité chaque fois qu'il s'envolait dans une conquête imaginaire. Comme si l'utopie était inséparable du désenchantement. C'est parce qu'on avance qu'on est désenchanté. Et c'est le désenchantement qui pousse à aller toujours plus loin.

Or toute histoire humaine est une histoire d'utopie et de désenchantement. Le chemin des religieuses africaines vers l'autonomie financière ou celui des monastères à travers l'évolution des sociétés sont des histoires d'utopie et de désenchantement. Chaque pas effectué, chaque liberté conquise, chaque nouvelle capacité développée, ouvre l'horizon, mais également l'éloigne. Comme si la vie était surtout chemin plutôt que but à atteindre. Mais, pour marcher, il faut bien avoir des utopies. Et, pour avoir des utopies, il faut de l'imaginaire et du réel : ce réel toujours tâtonnant et précaire qui fait se profiler un

1. Eduardo Galeano, *Paraboles vagabondes* (titre original en espagnol : *Las palabras andantes*), Lux Éditeur, 2010.

nouveau possible. Ce réel fragile et vulnérable créé par ceux qui ont l'audace de croire que c'est possible, même si c'est au péril de leur vie.

Des utopies économiques

L'histoire de l'économie est aussi semée d'utopie et de désenchantement. Nous évoquons ici trois rêves d'une économie autre, d'une économie au service du savoir-vivre plutôt que du savoir-faire, du bien-être ensemble plutôt que de la prospérité partagée. Ils sont aujourd'hui réalité, réalité incomplète, fragile, pas aussi vertueuse qu'on l'espérait. Mais réalité tout de même.

Ces trois rêves visent trois domaines de l'économie différents mais interdépendants : l'organisation interne des unités économiques et leur distribution des bénéfices, le lien entre l'unité économique et la société, et la propriété des biens.

Le premier rêve est celui d'un groupe d'auteurs du XIXe siècle qui a voulu privilégier dans l'activité économique l'intérêt collectif sur l'intérêt individuel. Ces auteurs sont considérés comme les pères fondateurs de l'« économie sociale » qui recouvre aujourd'hui les unités organisées sous forme de coopérative, de mutuelle et d'association. Ils ont rêvé et mis en pratique leurs rêves d'une économie avec distribution égale des bénéfices, avec propriété commune des moyens de production, avec des prêts sans intérêt, et avec mutualisation du logement, des achats et des soins. Leurs projets ont pris des formes différentes, certains plutôt orientés vers les formes de production, d'autres vers la finance et d'autres vers des services comme la santé, mais tous envisageaient une économie où le profit n'était pas la finalité ultime.

Parmi les personnalités qui ont marqué l'émergence de cette approche sociale de l'économie, on peut citer les noms suivants :

Claude Henri de Saint-Simon (1760-1825) qui, à travers son œuvre, a exalté le travail et promu l'idée d'une entreprise au service de la collectivité. Sa pensée a trouvé écho parmi un certain nombre de disciples, les saint-simoniens, qui, dans un XIXe siècle en plein essor industriel, incarnent la volonté de confier la gestion de la production et du capital à la compétence. Ils s'opposent ainsi à la propriété privée des moyens de production qui engendre l'exploitation, permettant à certains de vivre du travail d'autrui et qui, du fait de l'héritage, privilégie le hasard des naissances et empêche la concentration des moyens de production entre les mains des plus compétents. Ils sont ainsi à l'origine de ce que nous appelons aujourd'hui une coopérative ouvrière de production.

Charles Fourier (1772-1837) est plutôt à l'origine de ce qui deviendra la coopérative de logement et de consommation. Il prône, dans une vision utopiste de l'économie, le regroupement de la production autour de phalanstères, fondés sur la communauté de vie et le « travail-plaisir », regroupant quelque mille six cents personnes, à la fois productrices et consommatrices, où les aptitudes, les talents et la productivité déterminent la hiérarchie et la rémunération. Chez Fourier, l'économie est seconde : il faut surtout imaginer des structures et des règles qui permettent de vivre les passions, de faire du travail un plaisir et d'en tirer des fruits productifs.

Pierre Joseph Proudhon (1809-1865) est le théoricien de ce qui deviendra le crédit mutuel, avec son idée de créer une banque du peuple, fondée sur des prêts sans intérêts et la non-rémunération des souscripteurs. Père de l'anarchisme, qui est une garantie à ses yeux contre le pouvoir économique, Proudhon milite pour un socialisme utopiste. Il s'attaque tout autant à la propriété (« la propriété, c'est le vol ») qu'aux associations ou aux coopératives (« entrave à la liberté du travailleur »).

Karl Marx (1818-1845) va contester l'idée d'association et de mutualisme : l'exploitation du travail ne résulte pas d'un partage inégalitaire, mais des mécanismes économiques issus de la propriété même du capital. Pour supprimer l'injustice sociale et dynamiser l'activité économique, il faut passer par la révolution sociale et instaurer la collectivisation des moyens de production. Avec Marx, on voit apparaître l'opposition entre les réformateurs sociaux et les révolutionnaires. Pourtant, la vision révolutionnaire de Marx et l'approche réformiste des auteurs précédemment cités ont en commun une même conviction : la bonne société est affaire de technique sociale, pas de politique. Elle naîtra pour les uns de la socialisation des moyens de production, pour les autres de l'association des personnes, mais une fois qu'elle aura été instaurée, il n'y aura plus de conflits d'intérêts à gérer, seulement des questions techniques à trancher.

Charles Gide (1847-1932) va articuler, autour de l'idée coopérative, l'aspect technique et la dimension politique. Il crée en 1885 la première Fédération nationale des coopératives de consommation. Pour lui, le mouvement coopératif a toute sa place aux côtés des mouvements sociaux : « L'idée coopérative n'est pas une théorie de cabinet, elle est sortie de la pratique, de la vie et des besoins de la classe ouvrière. Elle n'est pas éclose un jour dans le cerveau de quelques savants, elle est née des entrailles même du peuple ! »

Les utopies de ces auteurs sont le résultat d'idéologies diverses qui se sont retrouvées au XIXe siècle devant une même réalité : celle de la fracture sociale entre une partie de la population, bénéficiaire du développement accéléré des activités lucratives, et une autre partie, enfoncée dans une pauvreté grandissante. Cette réalité sociale fut le terreau d'une grande diversité d'expériences initiées en général par les travailleurs, qui revendiquaient à la fois la capacité d'un agir économique propre et la légitimation des structures indépendamment de la détention d'un capital.

Bien plus tard, les fondements de ces approches utopistes se sont rassemblés autour de la charte de l'économie sociale, rédigée en 1980. Quatre principes majeurs se dégagent de cette charte. Premièrement, on privilégie la finalité du service rendu plutôt que la recherche de profit : la génération de bénéfices financiers n'est pas exclue mais elle apparaît comme un moyen plutôt qu'une fin de l'activité économique. Ensuite, on affirme l'autonomie de gestion par rapport notamment à l'État : l'économie sociale n'est pas un service public. À cela s'ajoute le principe de gestion démocratique : chaque membre a le même poids dans la prise de décisions, indépendamment du montant de capital apporté par chacun. Enfin, concernant l'utilisation des bénéfices, on donne priorité au réinvestissement dans l'activité sur la répartition entre ses membres.

Voilà donc un premier rêve fait réalité, celui d'une économie qui n'est pas régulée en fonction du capital financier mais en fonction du travail : ce n'est pas la propriété qui donne droit mais la participation de chacun au projet commun. On n'est pas encore dans la mise en commun de l'économie monastique, où le droit de chacun n'est pas défini par sa participation à l'ensemble mais plutôt par son appartenance communautaire, rendant ainsi possible la distribution selon les besoins de chacun plutôt que la distribution égalitaire, mais c'est déjà révolutionnaire par rapport à une distribution décidée uniquement en fonction du capital apporté et des actions détenues.

Le deuxième rêve que je voudrais évoquer met toujours en avant la finalité sociale de l'économie, mais en visant davantage les liens entre l'unité économique et le reste de la société que les relations internes à l'unité. Ce rêve reçoit le nom de *social business*[1]. Il a été proposé par Muhammad Yunus, prix Nobel de la paix en 2006, fondateur de la Grameen Bank au Bangladesh, considérée comme pionnière dans le développement du microcrédit. Le *social business* est fondé sur l'idée que l'entreprise ne doit pas être évaluée uniquement en termes de rentabilité financière mais également en termes de rentabilité sociale. Il s'agit d'entreprises qui cherchent à produire des avantages sociaux plutôt qu'à maximiser le profit revenant à leurs propriétaires. Cette rentabilité sociale est évaluée à l'aide des critères qui mesurent l'effet de l'entreprise en termes, par exemple, de réduction de la pauvreté, de soins médicaux, de logement ou d'éducation mis à disposition des plus pauvres. Ce rêve est aujourd'hui une réalité, même si elle demeure imparfaite et provisoire. C'est le cas de la Grameen Danone au Bangladesh, issue d'un partenariat entre la Grameen Bank et le groupe Danone. Plutôt que de construire une grosse usine, ce sont cinquante micro-usines vertes qui ont été édifiées. Peu mécanisées, elles se fournissent auprès des fermiers locaux, vendant des yaourts comportant des micronutriments à bas

1. Muhammad Yunus, *Vers un nouveau capitalisme*, J.-C. Lattès, 2006.

coût aux populations les plus pauvres dans les zones rurales, avec 97 % des profits réinvestis sur place. Autant en termes de fournisseurs que de clients visés, ainsi que par le modèle de production développé, il s'agit d'une activité économique pensée à partir des besoins et des droits des populations les plus pauvres. Ce nouveau modèle n'en est qu'à ses débuts, il est traversé par de nombreuses contradictions, mais il donne déjà à voir que le social peut être associé à l'économie non seulement au niveau de la distribution des bénéfices, mais aussi dans la manière de produire des bénéfices.

L'utopie du *social business* est celle d'une nouvelle articulation entre privé et social, entre individuel et collectif. Le rêve est celui d'une entreprise qui se conçoit avant tout comme membre d'une collectivité, et donc reliée à elle non seulement par les contraintes fiscales ou le mécénat, mais surtout par une communauté de destin qui se traduit sous forme de partenariat. On n'est ni dans la solidarité obligatoire de l'État ni dans le geste généreux du mécénat, mais dans un véritable projet de collaboration où entreprise et société se reconnaissent différentes mais interconnectées. La société n'est pas considérée comme « partie prenante » de l'entreprise (en tant que client, fournisseur ou bénéficiaire de ses dons), mais, à l'inverse, c'est l'entreprise qui est « partie prenante » de la société. Les critères d'évaluation s'inversent donc en conséquence : c'est sa contribution sociétale qui prime sur sa rentabilité financière.

Enfin, le troisième rêve concerne plus globalement la société entière et son rapport aux biens. Dans le cadre du développement durable, une nouvelle forme d'économie voit le jour, appelée « économie de fonctionnalité ». C'est une économie qui valorise l'usage, et donc la fonction, de ce qui est produit plutôt que sa quantité. De ce fait, à la vente est substituée une prestation de service : on n'acquiert pas la propriété du bien mais le droit de s'en servir. Il ne s'agit pas seulement de louer un équipement mais de facturer un service global, comprenant, outre la maintenance et la réparation, un certain nombre de prestations facilitant son usage. L'exemple typique est celui des vélos publics aujourd'hui mis en place dans un grand nombre de villes. Chaque vélo est ainsi utilisé par plusieurs personnes différentes, rentabilisant au maximum son utilisation. Le nombre de vélos produits est alors réduit, mais, en contrepartie, les services de maintenance des vélos et d'organisation logistique de leur utilisation sont largement développés. Moins de production matérielle mais plus de service[1].

Mais pour que l'économie de fonctionnalité marche, il faut changer radicalement le rapport aux biens et à autrui. En effet, elle suppose de passer de la propriété privée à une sorte de propriété commune, qui appelle chacun à se sentir responsable des biens de tous et à faire confiance à autrui. Cette économie constitue donc également une figure du « nouveau possible », où l'utilisation l'emporte sur la propriété, où la relation l'emporte sur la quantité, la confiance sur la méfiance.

Trois figures économiques porteuses d'utopie, mais également de désenchantement. Chacune dit à sa manière le rêve d'une économie qui rend humain. Et chacune révèle aussi à sa manière les limites de ce rêve. Les trois pratiques ont des effets pervers notamment dès que l'on cherche à les développer à grande échelle. Aucun des trois modèles évoqués, ni l'économie sociale, ni le *social business*, ni l'économie de fonctionnalité, ne constituent une alternative au modèle capitaliste actuel. Mais ils sont pourtant révolutionnaires, car ils disent *l'audace et la*

1. Voir notamment Bernard Perret, *Le capitalisme est-il durable ?*, Carnets Nord, 2008, chap. IV.

capacité humaines pour inventer de nouveaux possibles. La révolution n'est pas finie, elle ne le sera jamais, mais elle est en cours.

Prophète, Sage et Apôtre : trois formes d'utopie

La Bible est une histoire tissée d'utopie et de désenchantement, d'illusions et de désillusions, de vie et de mort. Chaque libération devient source d'un nouvel esclavage et appelle à une nouvelle libération. Plusieurs figures habitent cette histoire, elles représentent des postures différentes, voire opposées, devant les contraintes de l'histoire et les rêves d'avenir. Mais c'est à travers la coexistence de ces postures contraires que la vie se construit. Comme si la différence, jusqu'à la contradiction, en était un composant naturel.

Deux premières figures apparaissent dans l'Ancien Testament, l'une plus proche de l'utopie, l'autre du désenchantement, et pourtant toutes les deux sont nécessaires. Il s'agit du Prophète et du Sage. Le Prophète est celui qui dit l'indicible, qui ose l'inconcevable, qui demande l'impossible. Tandis que le Sage est celui qui prend en compte les conditions historiques et les limites de la réalité. Si le Prophète est celui qui permet d'imaginer un nouveau possible, le Sage est celui qui fait preuve de réalisme.

C'est ainsi qu'on entend le prophète Isaïe annoncer : « S'ouvriront les yeux des aveugles et les oreilles des sourds. Le boiteux bondira comme un cerf et la bouche du muet criera de joie. Parce qu'auront jailli les eaux dans le désert et les torrents dans la steppe » (Is 35, 6). Tandis que la sagesse s'autodéfinit ainsi dans le livre des Proverbes : « Moi, la Sagesse, j'habite avec le savoir-faire, [...] à moi appartiennent le conseil et la prudence » (Pr 8, 12 ; 14). Deux postures face à l'avenir : l'une qui invite au changement radical et qui sollicite l'imagination pour penser un autre monde possible, et l'autre qui invite à la prudence, voire à la ruse, pour faire face aux limites de la réalité. Le fait que toutes les deux coexistent dans le corpus biblique, malgré leur différence fondamentale, signifie que toutes les deux sont également nécessaires et qu'il ne faut pas les opposer mais plutôt les conjuguer.

Les figures du Prophète et du Sage correspondent également à deux types de discours différents mais complémentaires. Le philosophe Alain Badiou[1] relie ainsi le Prophète au discours

1. Alain Badiou, *Saint Paul, la fondation de l'universalisme*, PUF, 1997, chap. IV.

juif et le Sage au discours grec. Le discours juif est celui du signe, ou celui qui fait signe : discours de l'exception, qui désigne la transcendance comme au-delà de la totalité naturelle. Tandis que le discours grec est celui de la totalité : discours cosmique qui dispose le sujet dans la raison d'une totalité naturelle. Les deux discours apparaissent ainsi comme les deux faces d'une seule figure, car tous les deux se réfèrent à une même totalité : l'un pour dire l'exception, l'autre pour dire ce qui l'ordonne. Le signe prophétique ne vaut que pour la totalité cosmique grecque. Or il y a un troisième discours possible, qui ne se réfère pas à une totalité préétablie : c'est le discours de saint Paul qu'Alain Badiou relie à l'« événement ». Il s'agit d'un concept philosophique majeur pour l'auteur, que je ne prétends pas réduire à une simple définition. Je l'intègre ici seulement à partir de la manière dont il le relie à l'expérience de saint Paul.

Toutes les lettres de saint Paul ont comme référence première et dernière la résurrection du Christ. La résurrection pour Paul n'est pas de l'ordre du fait, falsifiable ou démontrable. « Elle est événement pur, ouverture d'une époque, changement des rapports entre le possible et l'impossible. Car la résurrection du Christ n'a pas son intérêt en elle-même, comme ce serait le cas d'un fait particulier, miraculeux. Son sens véritable est qu'elle atteste la victoire possible sur la mort, mort que Paul envisage... non comme facticité mais comme disposition subjective. De là qu'il faut constamment lier la résurrection à *notre* résurrection, aller de la singularité à l'universalité et vice versa[1] ». En ce sens, la figure de Paul ne correspond ni à celle du Prophète ni à celle du Sage, mais à celle de l'« Apôtre » : celui qui nomme la possibilité de cet événement. Son discours ne relève d'aucune connaissance. Le Sage connaît les vérités éternelles, le Prophète connaît le sens univoque de ce qui va venir. L'Apôtre ne connaît rien, il déclare tout simplement une possibilité inouïe.

Voilà donc trois figures bibliques, le Prophète, le Sage et l'Apôtre, associées à trois types de discours différents, le signe, la totalité et l'événement. À travers chaque discours se révèle une posture différente face à l'avenir. Si la totalité dit la continuité et l'appartenance du futur à un tout qui existe déjà, et le signe, l'exception à cette totalité, l'événement dit l'émergence du radicalement nouveau. La totalité dit l'unité, le signe dit la différence connue d'avance, l'événement dit la différence inconnue et imprévisible. On

1. *Ibid.*, p. 47-48.

pourrait dire qu'il s'agit de trois types d'utopie différents : celle d'un ordre harmonieux qui nous englobe et nous dépasse, celle d'une nouveauté attendue et celle d'une nouveauté radicale car inattendue.

Les trois utopies coexistent, il n'y en a pas une qui soit meilleure que l'autre. Les trois utopies sont nécessaires pour vivre et faire vivre. Car la vie a besoin de continuité, de nouveauté et d'inattendu. Nous avons évoqué quelques figures d'un nouveau possible : le chemin d'autonomie des religieuses africaines, l'économie monastique, l'économie sociale, le *social business*, l'économie de fonctionnalité. Dans toutes ces figures, il y a du prophétisme et de la sagesse, de l'audace et du réalisme, de la nouveauté et de la continuité. Or l'utopie a aussi besoin d'événement. Préfigurer l'avenir ne suffit pas. Il faut aussi laisser place à l'inattendu, pour que le radicalement nouveau, ce qui n'est même pas imaginable, puisse advenir. On change donc de registre. Il ne s'agit pas seulement de figurer l'avenir mais surtout de le laisser jaillir. On n'est plus dans l'ordre de la représentation mais dans celui de l'expérience. Et ce sera l'objet de notre dernier chapitre.

CHAPITRE 10

L'économie, le moment opportun

Aujourd'hui, c'est le moment opportun : le *kairos* en grec. Cette notion désigne la faveur des circonstances pour une action donnée. Aujourd'hui, ces circonstances favorables pour qu'émerge un monde nouveau sont celles-là mêmes qui se présentent sous les traits les plus défavorables de la crise. La fragilité du modèle dominant, mise en évidence par les crises multiples qui se succèdent et s'accumulent, est la fêlure par laquelle l'inattendu peut arriver.

« *Bienheureux les fêlés car ils laisseront passer la lumière*[1] »

Quand on est en situation de complétude ou de plénitude, il n'y a pas de place pour

1. Béatitude proposée par l'humoriste Michel Audiard, citée par Marie Balmary dans *La Fragilité, faiblesse ou richesse ?*, Albin Michel, 2009.

l'émergence du nouveau. L'événement a besoin de fêlure pour se livrer passage. Et je voudrais évoquer ici ma rencontre avec de vrais « fêlés », des personnes handicapées mentales que j'ai eu l'occasion de croiser à travers l'Arche de Jean Vanier. La première fois que j'ai rencontré Jean Vanier, ce fut dans l'une de ses communautés de Trosly. Il m'a reçue avec une phrase qu'il m'avait entendu dire à propos du développement durable, en lien avec l'approche positive de la limite : « Moins de vitesse mais plus de relation. » Et c'est ainsi qu'est née et que s'est tissée mon amitié avec l'Arche, autour de cette expérience commune de la limite.

La limite prend chez les personnes handicapées mentales une dimension extrême. Et la lumière qui passe à travers eux, comme le dit la « nouvelle béatitude » que j'ai choisie comme titre de ces paragraphes, prend elle aussi une splendeur extrême. Je n'avais jamais eu auparavant l'occasion d'être confrontée à l'expérience du handicap mental. Et voilà que l'Arche me demande une intervention sur le développement durable lors de la fête de ses quarante-cinq ans d'existence. J'interviens souvent sur cette thématique, et je l'avais déjà fait lors d'une assemblée générale de l'Arche. Mais, cette fois, c'était complètement différent : il s'agissait de parler devant mille cinq cents personnes dont la moitié seraient des personnes handicapées mentales. Je me sentais complètement désarmée, je ne savais pas faire.

Nous avons alors décidé de préparer ensemble cette intervention, à partir d'une réunion avec quelques personnes handicapées mentales et leurs accompagnateurs. Et j'ai été complètement « déplacée » par cette expérience. Ces personnes handicapées m'ont fait prendre le large, quitter mon port, mes schémas, mes représentations, ma logique. Le « déplacement » a commencé dès le début de la réunion, quand j'ai posé la question de ce que signifiait pour eux le développement durable. Le premier à répondre fut Jean-Jacques, qui a évoqué le fait que dans sa communauté on venait d'acheter des postes de télévision pour chaque chambre : « Pas durable. » En essayant de comprendre ce qu'il voulait dire à partir de l'idée que les gens se font en général du développement durable, j'ai situé sa réaction au niveau purement matériel et énergétique : plusieurs postes de télévision consomment évidemment plus d'énergie qu'un seul et unique poste pour tous. Eh bien non ! Ce n'était pas cela. Il a expliqué : « Si chacun regarde maintenant la télévision tout seul dans sa chambre, la communauté pas durable. » Jean-Jacques situait tout de suite la notion de développement durable dans sa dimension essentielle, celle du vivre-ensemble. Je fais d'habitude mille détours pour relier la gestion des ressources naturelles à la question du vivre-ensemble, c'est la finalité de ma démarche. Et là, sans détour ni transition, comme la chose la plus évidente du monde, ce que je croyais être le résultat d'un long enchaînement d'arguments logiques m'était renvoyé dans toute sa nudité et sa simplicité. Le véritable problème du développement durable, c'est la durabilité de la vie en commun.

Ce fut le début d'un déplacement progressif, à travers lequel je n'arrêtais pas d'être surprise, sans toujours comprendre l'univers à partir duquel ils me parlaient, mais en étant parfois presque fascinée par la profondeur de leur simplicité. À la fin de la réunion, je posais la question de la transcendance, mais ce mot ne leur disait rien. J'évoquais donc Dieu. Et David réagit spontanément en disant qu'il prie Dieu et qu'il lui demande des miracles. On venait juste de parler du handicap et je découvrais avec un grand étonnement qu'ils sont très conscients de leur handicap et du mépris avec lequel ils sont souvent traités. En évoquant le miracle, j'attendais évidemment qu'ils parlent de la guérison de leur handicap. Mais, encore une fois, je me trompais. Et je suis restée bouche bée quand, à la demande de ce qu'est un miracle, David a répondu, tout naturellement : « Quand je suis fâché avec quelqu'un, le miracle, c'est que je puisse me réconcilier avec lui. » L'essentiel était de nouveau dit, avec toute sa simplicité et sa nudité. Le miracle est bien de l'ordre de la guérison, mais la « maladie » la plus grave, celle qui fait vraiment souffrir et qui n'est pas facile à soigner, ce n'est pas la maladie physique, mais la maladie relationnelle. C'est la rupture et la séparation des personnes que nous aimons plutôt que la rupture organique qui a besoin du miracle, car c'est la relation, plus que le fonctionnement mécanique du corps, qui est « vitale ». Et si la rupture relationnelle appelle le miracle, c'est que sa réparation ne relève pas de la compétence et de la maîtrise, mais de quelque chose qui nous échappe complètement et qui ne se situe pas au niveau de la volonté et du savoir-faire, mais qui est justement de l'ordre de l'événement, de la capacité à faire place à l'inattendu. Et David arrivait à dire tout cela de manière bien plus simple et fondamentale.

On fait la même expérience en regardant le magnifique film que l'Arche a réalisé avec des interviews de personnes handicapées, intitulé *L'Épreuve des mots*[1]. Tout à la fin, Anne demande à

---

1. *L'Épreuve des mots*, film de l'Arche en France, produit par Nicolas Favreau, autour des entretiens réalisés par Anne Chabert d'Hières.

Julie si elle veut ajouter quelque chose à ce qu'elle avait dit. Julie dit ne pas savoir mais, après un petit moment, elle annonce : « Je voudrais parler avec toi, Anne. » Voilà encore une fois l'invitation au déplacement : on lui demandait du discours, et elle déplace vers la relation. Et, avec ce souhait final, Julie révélait sans doute la chose la plus importante et fondamentale qui soit : ce qu'il y a de plus beau à vivre, c'est de se sentir mis en confiance par quelqu'un, que la confiance révèle ce qu'il y a de mieux en chacun et qu'elle permet aussi de faire sortir ce qu'il y a de plus blessant à l'intérieur de soi-même. La confiance est une expérience de libération.

Sans artifice et sans détour, ces « fêlés » disent l'essentiel. Ils manquent de mots, donc la vérité se révèle à travers eux de manière plus directe et dénudée. Comme Pascal à qui l'on demande s'il croit en Dieu. Il répond non. On lui demande alors ce qu'il répond aux gens qui veulent qu'il croie. Et Pascal dit : « Qu'ils croient en moi. » Voilà encore un exemple d'une vérité fondamentale dite en quelques mots. Il y a toute une théologie derrière cette réponse qui situe l'acte de foi au cœur même de la relation humaine et la croyance comme ce qui permet à chacun de se sentir reconnu.

Cette réflexion théologique est nécessaire, la réponse de Pascal ne la remplace pas. Mais Pascal ainsi que Julie, David, Jean-Jacques, nous rappellent où est l'essentiel, nous empêchent de nous perdre dans les méandres des argumentaires interminables. Ils disent la vie tout simplement, avec toute sa beauté et sa cruauté, avec toute sa simplicité et sa profondeur. « Bienheureux les fêlés car ils laissent passer la lumière. »

Leurs paroles dites sans décor et sans articulation font événement. On n'attend pas de ces personnes, avec un « trou dans la tête », comme dit Julie quand elle parle de son handicap, qu'elles nous disent des vérités fondamentales. Leurs paroles sont événement car elles sont inattendues. Et c'est justement là où l'on n'attend rien, en tout cas rien d'« intelligent », que l'intelligence se révèle d'une manière totalement différente et nouvelle. Pour qu'il y ait de l'événement, il faut de la fêlure. Pour qu'il y ait émergence du nouveau, il faut du vide. Pour qu'il y ait un « autre » possible, il faut un « même » fragile. « La fragilité, ça casse. » Mais sans cassure, pas de nouveauté.

L'événement, c'est aussi ce que ces personnes handicapées mentales m'ont fait vivre, au-delà de leurs paroles, le jour même de la célébration des quarante-cinq ans de l'Arche. Comme nous avions préparé avec eux mon intervention, je voulais qu'ils puissent prendre la parole avec moi. Pour que ce soit possible, on leur a demandé après la réunion de revenir sur certaines choses qu'ils avaient dites et on les a filmés. Les petits films ont été montés et je les ai intercalés dans mon discours. Le jour de l'allocution, dès que je leur ai « passé la parole » et que leurs images sont apparues sur l'écran, une effervescence est montée dans la salle avec applaudissements et cris de reconnaissance à leur égard, les poussant chaque fois à sortir de la foule et à venir saluer le public. Et cette réaction s'est répétée au moment de chaque petit film. Ma parole n'était plus « ma » parole, elle était devenue « notre » parole, celle de Jean-Jacques, David, Annie, Jean-Yves et William qui apparaissent au fur et à mesure sur l'écran, mais également celle de tout le public présent. La parole circulait entre eux et moi, et cela nous rapprochait malgré la distance énorme que, pourtant, je reconnaissais entre leur monde et le mien. Il se passait quelque chose, au-delà des paroles dites, qui nous faisait mutuellement nous reconnaître. C'est cela aussi l'événement : l'expérience du collectif qui réunit sans uniformiser, l'expérience du public qui devient acteur, l'expérience du discours qui devient communion.

L'événement, c'est la parole ou l'expérience qui nous déplace et nous surprend. Il ouvre un nouveau possible. Il n'était pas prévu ni attendu. Mais il arrive, comme une rafale subite de vent qui décoiffe et déstabilise. Dans la sécurité et la protection totales, le vent ne rentre pas. C'est à travers la fêlure qu'il souffle. Bienheureux les fêlés car ils laissent passer le souffle.

« Je ne te demande pas de me donner à boire mais de me donner la soif[1] *»*

Dans notre monde obsédé par le « risque zéro » et la sécurité totale, on cherche toujours à combler les manques, comme si la complétude était l'état idéal. On oublie ainsi que c'est le manque qui met en route et que c'est la soif plutôt que sa satisfaction qui est signe de vie. Donner la soif, c'est susciter le désir. Et le désir, c'est croire que devant nous il y a un meilleur possible, même si l'on ne sait pas lequel. Si le fait de donner à boire supprime la soif, si en comblant le manque on supprime le désir, au lieu de donner la vie on

---

1. Proverbe iranien, partagé par un participant au congrès du Centre des jeunes dirigeants d'entreprise (CJD) de juin 2010, à Nantes, sur le thème « De l'entrepreneur solitaire à l'entreprise solidaire ».

donne la mort. Ce paradoxe existentiel entre la vie et la mort, entre une vie qui tue et une mort qui rend vivant, se dit souvent mieux avec le langage romanesque ou poétique qu'avec celui de la science.

Pour preuve, deux ouvrages qui décrivent la barbarie humaine dans ce qu'elle a de plus excessif. Et c'est justement à travers cette humanité dégradée, abaissée au-delà de l'imaginable, que le plus précieux de la vie peut être dit. D'une part l'essai sur *L'Aveuglement* de José Saramago[1] et d'autre part *Le Rapport de Brodeck* de Philippe Claudel[2], disent, chacun à leur manière, la vie qui émerge de la mort. Chez José Saramago il s'agit d'une épidémie qui rend aveugle par simple contact et qui contamine progressivement tous les habitants d'un pays. Les hordes d'aveugles sont mises en quarantaine dans une caserne et tentent de survivre à n'importe quel prix. L'humain s'efface progressivement pour laisser place aux instincts les plus primitifs et mortifères. Au milieu de cet aveuglement déshumanisant et généralisé, il y a juste deux yeux qui voient. Ceux d'une femme qui n'a pas voulu abandonner son

1. José Saramago, *L'Aveuglement*, Le Seuil, 1997.
2. Philippe Claudel, *Le Rapport de Brodeck*, Stock, 2007.

mari et se fait passer pour une aveugle. C'est à travers ses yeux que la barbarie est racontée. Mais c'est aussi à travers ses yeux que la vie est sauvée. Et là où l'inhumain atteint l'inimaginable, les signes d'humanité révèlent avec une force inouïe le plus précieux de l'humain.

Le Rapport de Brodeck se déroule dans un petit village isolé où deux histoires s'enchevêtrent : celle d'un étranger qui arrive un jour au village et celle de la personne qui raconte cette histoire, elle-même étranger dans ce village bien longtemps auparavant. Pour des motifs différents mais toujours arbitraires, liés à l'« étrangeté » de chacun, toute la méchanceté et toute la brutalité humaines s'acharnent sur eux. C'est un récit sur la déshumanisation de l'humain, son anéantissement progressif, sa réduction à l'état animal. Encore une fois, au milieu de cet anéantissement extrême, le plus précieux de la vie se dit, sans bruit, sans magnificence. La vie arrachée à la mort devient alors événement, car inattendue, car inexplicable, car imprévisible. C'est le récit d'une horreur qui engendre de la beauté, d'une souillure qui engendre de la pureté, d'une malédiction qui engendre de la grâce. C'est le récit de la vie qui jaillit de la mort.

Dans ces deux récits, la vie devient événement, car elle émerge dans ce qui lui est radicalement opposé – la mort. La vie devient ici « miracle », car elle n'est le résultat ni d'un calcul ni d'une manipulation. Elle n'est le produit ni de la maîtrise ni de la vertu. Elle se fraye un passage à travers le vide et le non-sens. Elle ne répond à aucune compétence particulière. Elle appelle seulement la capacité à se laisser surprendre par son avènement.

C'est l'aveuglement qui rend visible le plus précieux de la vie. C'est la déshumanisation qui révèle le plus beau de l'humain. C'est la fêlure qui fait passer la lumière. C'est la soif qui met en mouvement vers l'eau. Il ne s'agit pas de faire l'éloge de l'aveuglement, de la déshumanisation, de la fêlure ou de la soif. Il ne s'agit pas de justifier la souffrance. Il s'agit tout simplement de reconnaître ce qui transforme la vie en événement et l'humain en émerveillement. C'est souvent l'écrasement plus que la victoire, la perte plus que la réussite, la fragilité plus que la force. C'est la vie qui jaillit là où l'on ne l'attendait pas. C'est ce qui émerge non pas de l'effort extrême, de l'exploit suprême ou de la prouesse unique, mais bien plutôt de ce je-ne-sais-quoi qui, à un moment donné, arrive à changer le sens de l'histoire.

Et l'économie peut aussi devenir un événement.

L'économie solidaire : une marge qui déplace le centre

Si l'événement est de l'ordre de l'inattendu et de l'inexplicable, l'économie, dans son sens habituel, ne peut jamais devenir événement. Elle est le règne du prévisible et du maîtrisable.

Au niveau théorique, le modèle de référence vise justement à supprimer toute source d'incertitude et à anticiper le mieux possible le futur. L'objectif ultime, c'est l'équilibre ; le modèle de référence est ainsi appelé « théorie de l'équilibre général ». De ce fait, le déséquilibre, l'incertitude, l'incomplétude et l'instabilité sont considérés comme des défaillances à éviter ou à réparer. Dans ces conditions, pas d'événement possible, car ce qui arrive a été planifié ou anticipé. Pour qu'il y ait événement, il faut laisser place à l'imprévisible. Et, pour accueillir l'imprévisible, il faudrait que le *déséquilibre* ne soit pas conçu comme une absence d'équilibre mais comme une source d'innovation, que l'*incertitude* ne soit pas considérée comme absence de certitude mais comme ce qui permet l'émergence du radicalement nouveau, que l'*incomplétude* de l'agent économique et les limites de sa capacité cognitive ne soient pas signes d'irrationalité mais manifestation d'une autre rationalité, différente de celle qui est fondée sur la seule capacité calculatrice de l'humain, que l'*instabilité* ne soit pas perçue comme manque de stabilité mais comme condition de mise en mouvement. Des modèles économiques font progressivement place à cette autre manière de considérer le déséquilibre, l'incertitude, l'incomplétude et l'instabilité[1]. Ils révèlent ainsi une autre manière de penser la logique économique, une logique qui fait place à l'événement.

Au niveau de la pratique économique, nous avons déjà donné des exemples dans le domaine de l'économie solidaire et du développement durable qui correspondent bien à l'idée d'événement. Le commerce équitable qui, en cherchant à payer un prix juste au producteur, révèle un sens politique dans l'acte de consommation. L'entreprise d'insertion qui, en essayant d'intégrer au monde du travail des personnes exclues, fait apparaître une nouvelle manière de gérer les ressources humaines. La finance solidaire qui, en essayant de financer des activités d'utilité sociale, fait émerger une nouvelle manière de gérer le risque. On peut également évoquer en ce sens les

1. Elles ont déjà été évoquées dans le chapitre 4.

multiples initiatives mises en place pour limiter les dégâts environnementaux et qui révèlent des sources nouvelles et inattendues de bien-être. C'est le cas, par exemple, du « Pédibus ». Il s'agit d'un système d'accompagnement à pied des enfants à l'école pour éviter ainsi que les parents les déposent individuellement en voiture, ce qui engendre de la pollution et des embouteillages autour des écoles. Cette pratique, répondant à une finalité essentiellement écologique, a révélé du nouveau en termes d'éducation et de vivre-ensemble. Du point de vue de l'éducation, l'enfant est mis en situation de responsabilité dès la sortie de la maison. Du point de vue du vivre-ensemble, ces trajets sont souvent encadrés par des personnes retraitées du quartier, outre les parents, créant ainsi des espaces nouveaux de rencontre intergénérationnelle. Ces pratiques économiques constituent des événements non à cause de leur impact mais parce qu'elles donnent à voir de nouveaux possibles, qui n'avaient pas été prévus.

L'économie apparaît ainsi comme un lieu qui crée de la valeur, non seulement de la valeur marchande mais aussi humaine et sociale. Et cette valeur non marchande répond à une logique bien différente : elle n'est pas le résultat d'un calcul, d'une prévision, d'une capacité de maîtrise. Elle est plus proche de l'événement, car elle fait appel à la capacité de lâcher prise, de se laisser surprendre, de créer du lien. Tout un mouvement existe aujourd'hui pour identifier et mesurer ces nouvelles sources de valeur, un mouvement commencé de manière marginale et qui a été officialisé notamment à travers le travail d'une commission mise en place par le gouvernement pour déterminer de nouveaux indicateurs de la richesse. Cette commission, présidée par Joseph Stiglitz et Amartya Sen, a publié un rapport intéressant. Il n'est pas encore opératoire, mais il ouvre et légitime cet effort pour donner autrement de la valeur aux activités humaines[1]. Ce processus constitue une bonne illustration de marge qui déplace le centre.

On le voit donc, l'économie a aussi ses fêlures et ses fêlés : des déséquilibres, des incertitudes, des incomplétudes, des instabilités qui laissent passer la lumière car ils deviennent la source d'une nouvelle valeur économique. Une valeur qui n'a pas de prix, mais qui est pourtant existentielle. C'est la valeur d'une vie qui fait place au

1. Voir notamment le travail réalisé par Justice et Paix-France : *Oser un nouveau développement. Au-delà de la croissance et de la décroissance*, *op. cit.*

radicalement nouveau. C'est la valeur d'une vie qui peut devenir événement.

Est-ce que cette nouvelle source de « valeur » peut conduire à une réforme du système capitaliste ? Les crises successives des dernières années – alimentaire, financière, économique, écologique – conduisent à poser cette question avec une acuité nouvelle. La « fêlure » du système est devenue sans doute très grande. Les pratiques associées à l'économie solidaire et au développement durable constituent-elles une réponse viable ? Ne seraient-elles pas plus des pansements pour le système que des sources de changement ? Dans quelle mesure sont-elles porteuses de lumière, de souffle, d'un nouveau possible ?

Deux auteurs ont répondu récemment à cette question avec des arguments différents mais convergents. D'une part, Daniel Hurstel[1] se demande si la nouvelle économie sociale peut réformer le capitalisme. D'autre part, Jean-Michel Servet[2] associe l'élan solidaire à l'origine d'un « grand renversement ». Le premier propose une réforme juridique à partir du modèle

1. Daniel Hurstel, *La Nouvelle Économie sociale. Pour réformer le capitalisme*, Odile Jacob, 2009.

2. Jean-Michel Servet, *Le Grand Renversement. De la crise au renouveau solidaire*, Desclée de Brouwer, 2010.

du *social business*, qui ouvrirait la porte, dans le domaine du droit, aux entreprises privilégiant la finalité sociale avant celle de la distribution des bénéfices. Ces entreprises où la création de « valeur sociale » est prioritaire ne doivent pas se confondre avec des entreprises commerciales classiques qui, à travers la « responsabilité sociale d'entreprise » ou le mécénat, accordent au social une *certaine* place. Dans ces dernières, il reste envisagé comme une contrainte, tandis que dans les entreprises à utilité sociale, il constitue la finalité première de l'activité économique. Pas de confusion, mais pas d'indépendance totale non plus. L'auteur propose plusieurs modalités d'interaction entre les deux types d'entreprise qui permettraient l'enrichissement réciproque. Voilà donc une proposition concrète de réforme faite à partir de pratiques économiques certes marginales, mais où le rapport entre économique et social est inversé. La réforme ne vise pas à remplacer un modèle d'entreprise par un autre mais à légitimer la place de différents modèles d'entreprise qui peuvent communiquer et s'influencer réciproquement. L'économie solidaire n'apparaît pas comme un « modèle alternatif » mais comme une alternative qui peut faire évoluer le modèle dominant. Une fêlure qui fait passer la lumière. Une lumière qui fait bouger le système.

L'approche de Jean-Michel Servet est complètement différente. Son objet d'étude n'est pas l'entreprise mais le système économique général. Inspiré par la « grande transformation » de Polanyi, il parle d'un « grand renversement » pour l'époque contemporaine. Le modèle capitaliste actuel, fondé sur une financiarisation généralisée, est aujourd'hui mis en cause. Le désir exacerbé de consommation, la désindustrialisation de larges espaces, l'accentuation des dégradations environnementales et l'inégalité croissante dans la répartition sont autant de signes de cette remise en cause radicale du système. Pour s'en sortir, Jean-Michel Servet propose un « renouveau solidaire ». Son dernier chapitre, intitulé « La dynamique des utopies réalistes », décline cette solidarité nouvelle à mettre en pratique, qui répond pourtant à des capacités dont disposent nos sociétés, mais qui sont à développer. Plusieurs alternatives sont ainsi proposées, qui visent toutes à établir des liens nouveaux entre les différents échelons institutionnels et niveaux territoriaux, allant du local au global et du global au local. Plutôt que des solutions préfabriquées ou des recettes à appliquer, c'est un mouvement qui est proposé, un mouvement qui permette de relier autrement les hommes et femmes de cette planète.

Ces deux propositions différentes de réforme du système cherchent chaque fois à relier autrement le micro et le macro. Plutôt que de déployer une grande théorie, ces essais regardent sérieusement ce qui arrive à la marge du système et qui semble porté par une logique radicalement différente. Ils ne proposent, pour autant, ni d'ériger ces pratiques comme un nouveau paradigme ni de les utiliser comme de simples pansements aux défaillances du système. Ils saisissent l'opportunité plutôt que le modèle en soi. L'opportunité d'un nouveau possible. Ces essais ont identifié la fêlure et perçu la lumière qui se faufile à travers. Ils la donnent à voir car ils pensent qu'elle peut être source d'un renouvellement majeur et radical. Ces essais disent que c'est maintenant le moment favorable. Ils font de la marge un événement.

Aujourd'hui, c'est le moment favorable

La manière dont nous utilisons l'idée d'« événement » est inspirée par Alain Badiou. À la fin du chapitre précédent, nous y avons fait référence : Alain Badiou utilise ce terme pour qualifier le discours de saint Paul et le différencier du discours juif (fondé sur le signe) et du discours grec (fondé sur la totalité). L'événement correspond pour Badiou à l'idée de « rencontre[1] ». Et la rencontre n'est réductible ni à la rationalité ni à l'expérience, car elle est de l'ordre de la contingence. C'est quelque chose « qui arrive » et qui ne répond ni à un calcul ni à une expérimentation. La rencontre amoureuse en constitue un bon exemple mais également la rencontre politique ou artistique. Ce qui arrive à travers la rencontre, c'est la « nécessité de choisir » : il va falloir choisir entre accepter ce qui arrive, l'accueillir, le laisser entrer en soi, se laisser transformer, ou le refuser, s'éloigner, l'obscurcir. Si l'on choisit d'accueillir ce qui arrive, le hasard devient donc nécessité, l'instant devient éternité. La rencontre devient événement car cette nouveauté qui émerge tout d'un coup dans la vie d'une personne, sans qu'elle ait été prévue ni espérée, donne un sens nouveau à sa vie, introduit un tournant. L'accueil de la nouveauté fixe le hasard

1. Voir « Entretien avec Alain Badiou », *Télérama*, n° 3160, 4 août 2010, ainsi que l'entretien réalisé par Nicolas Truong et publié dans un petit ouvrage intitulé *Éloge de l'amour*, Flammarion, coll. « Café Voltaire », 2009.

pour toujours, et c'est ainsi qu'il devient éternel. Tout le problème sera ensuite d'inscrire *cette* éternité dans une temporalité. Mais l'événement est justement cette transformation du hasard en nécessité, de l'instant en éternité.

On pourrait ainsi rapprocher cette idée d'événement d'une autre notion, qui fait également référence au temps d'une manière paradoxale. C'est la notion grecque de *kairos* utilisée pour désigner le temps favorable, le moment opportun, le temps de grâce. Il s'agit toujours d'un présent qui émerge, soudainement ouvert sur l'avenir, au milieu d'un passé marqué par la mort. Dans la Bible, et plus précisément dans les trois Évangiles dits synoptiques, on utilise ce terme pour qualifier le début de la prédication de Jésus. Pour Marc et Matthieu, ce début est lié à la disparition violente de Jean-Baptiste : Jésus perçoit que le « moment favorable » (*kairos*) est venu et que le règne de Dieu s'est approché (Mc 1, 14). Matthieu et Luc inscrivent ce commencement au moment où Jésus lit, dans la synagogue de Nazareth, le passage du livre du prophète Isaïe annonçant la délivrance aux captifs, la liberté aux opprimés et la vue rendue aux aveugles, et il ajoute que ce passage de l'Écriture « s'accomplit pour ceux qui l'entendent », qu'il est le commencement d'un « aujourd'hui »

(Lc 4, 21). De même, après la mort violente de Jésus, ses apôtres et leurs communautés prennent le relais : confirmés par leur rencontre avec Jésus ressuscité, ils partent proclamer l'Évangile dans le monde entier, car ils considèrent que le « moment favorable », l'« aujourd'hui » est définitivement arrivé et destiné à durer. Pour Jésus ainsi que pour ses disciples, c'est un commencement qui surgit là où l'on ne l'attendait pas, presque à contretemps et contre tout espoir. Jésus commence à annoncer la Bonne Nouvelle après la décapitation de celui qui l'avait précédé, les disciples partent l'annoncer jusqu'aux extrémités de la terre après la mort en croix de Jésus. Au moment où la réalité sombre dans le désespoir, le *kairos* désigne l'ouverture d'un radicalement nouveau.

Christoph Théobald[1] part de ces expériences de *kairos* retracées dans la Bible pour annoncer un nouveau *kairos* au cœur même des sociétés contemporaines. Les sociétés européennes sont

1. Christoph Théobald, « C'est aujourd'hui "le moment favorable". Pour un diagnostic théologique du temps présent », Philippe Bacq et Christophe Théobald, dir., in *Une nouvelle chance pour l'Évangile. Vers une pastorale d'engendrement*, Lumen Vitae, Novalis, Éditions de l'Atelier, 2004.

notamment marquées par un affaissement des institutions chrétiennes, comme si l'annonce de l'Évangile n'était plus d'actualité, comme si ce « moment favorable », inauguré par la mort et la résurrection de Jésus et destiné à durer, touchait désormais à sa fin. Plusieurs chrétiens cherchent alors à trouver les « failles » par lesquelles réinfiltrer la foi perdue. Mais Christophe Théobald se prononce contre cette attitude qui fige l'Évangile dans un message déjà connu qu'il faudrait faire passer à l'aide d'une nouvelle stratégie. Il considère, au contraire, que la situation actuelle représente une véritable chance pour l'Évangile, un *kairos,* qui nous permettrait d'en découvrir des facettes encore inconnues. Le déclin de la présence chrétienne dans nos sociétés serait ainsi une invitation à vivre un processus de décentrement et d'apprentissage qui permettrait un « engendrement de la foi ». Le *kairos* apparaît ainsi comme le temps de l'engendrement. Les « failles » ne sont pas à remplir avec du déjà connu mais à laisser ouvertes pour qu'elles fassent jaillir du radicalement nouveau. Le *kairos*, c'est la promesse d'un nouveau possible.

C'est dans le même sens que l'idée de *kairos* a été employée dans un document élaboré par un groupe de chrétiens d'Afrique du Sud, quelques années avant la fin de l'apartheid[1]. Ce texte collectif fut rendu public au moment où la crise explosait dans le pays, à l'époque où les faubourgs noirs se révoltaient les uns après les autres contre le régime d'apartheid, et se faisaient écraser par l'armée les uns après les autres. Le texte commence avec ces phrases : « Le moment est venu. L'heure de vérité a sonné. » C'est un moment d'extrême gravité, très dangereux. Mais c'est en même temps un « moment de grâce », « où Dieu lance un défi en vue d'une action décisive ». C'est un moment de crise : « Une crise est un moment de vérité qui nous révèle ce que nous valons réellement. » Le *kairos* apparaît ainsi comme un moment de révélation. Comme pour Jésus et les premiers chrétiens, la grâce se révèle en pleine disgrâce. Rien ne la justifie, rien ne l'explique, mais il faut du courage pour la voir et la donner à voir. Car elle se manifeste sous forme de « jugement ». Le *kairos* comme moment de révélation et de vérité.

Sans utiliser le terme de *kairos*, Michel Serres retrouve pourtant la même idée de jugement

1. « Le document *kairos* : défi à l'Église. Commentaire théologique sur la crise politique en Afrique du Sud », publié en français par le centre Lebret, dans la série *Foi et développement*, nos 135-136, janvier-février 1986.

associée au temps de crise[1]. Il explique que le mot « crise » vient d'un mot grec qui signifie, justement, « juger ». Et juger signifie prendre une décision, faire un choix. C'est ce qui arrive dans un procès où l'on déclare l'accusé « coupable » ou « non coupable ». C'est ce qui arrive aussi dans l'organisme humain, au moment d'une crise provoquée par une maladie ou une infection, le corps prend une décision : il meurt ou il emprunte un tout autre chemin. Car la guérison ne signifie jamais le retour à un état identique à celui d'avant la crise. La crise lance le corps soit vers la mort soit vers une nouveauté qu'elle le force à inventer. Et pour Michel Serres, la crise financière, économique et écologique actuelle nous place également devant un choix à faire : pas de réforme ou de reprise possibles, « il faut inventer du nouveau ». Saurons-nous inventer d'autres voies ? Il répond : « Nul ne le sait encore. En tout cas, rien de plus passionnant à chercher. » Le temps de crise ainsi défini est bien un *kairos* : temps de bifurcation, de décision et d'émergence d'un nouveau possible.

Nous sommes dans un « temps favorable » pour faire émerger du radicalement nouveau.

1. Michel Serres, *Temps des crises*, Éditions Le Pommier, coll. « Manifestes », 2009.

Temps de désert et d'obscurité où l'on risque la mort. Aucune garantie de vie nouvelle. Juste une « fêlure » qui fait passer la lumière. Juste une faille qui révèle une nouveauté possible. Juste un trou qui laisse entrevoir que la plénitude est ailleurs. On ne sait pas où. Mais le chemin est ouvert pour aller la chercher. C'est l'histoire de l'existence humaine, car une existence sans événement, sans crise, sans *kairos*, est tout sauf humaine. Aujourd'hui, c'est le « temps favorable » pour rendre l'existence plus humaine, et l'économie fait partie de cette aventure passionnante.

Remerciements

Le « goût de l'autre », c'est avant tout le goût de vivre que j'ai reçu de tous les hommes et femmes qui ont traversé mon chemin. Ceux qui l'ont orienté mais aussi ceux qui l'ont détourné. Ceux qui m'ont portée mais aussi ceux qui m'ont fait tomber. Car j'ai appris que c'est à travers la mort que le plus précieux de la vie se révèle. C'est à eux que je dédie ce livre, il leur appartient.

Le « goût de l'autre », c'est aussi le goût de tous ces autres qui ont accompagné, de plus près et de plus loin, l'écriture de ce livre. En particulier, la communauté des moines de Chauveroche qui, au cœur des montagnes alsaciennes, a rythmé avec sa prière l'écriture de plusieurs de ces pages. Mais aussi tous ceux qui ont déployé leur imaginaire pour m'aider à trouver un titre, et ont ainsi contribué à cette difficile opération de donner un nom à un travail qui rassemble des univers de sens très différents. Ce livre est ainsi pétri par mes mains et les leurs.

Le « goût de l'autre », c'est enfin le goût de ces autres qui ont été plus directement associés à la finition de ce travail et qui l'ont rendu plus lisible. D'une part, mes amis Céline Dumont et Jean Verrier qui ont relu et corrigé mon manuscrit. Leur relecture, suivie de celle d'Anne-Sophie Jouanneau, a donné de la clarté et de l'harmonie à la composition finale. D'autre part, mes amis Denis Clerc et Alfred Marx qui ont accepté de faire respectivement une relecture économique et théologique de ce travail. Leurs commentaires et leurs interrogations ont donné de la saveur et de l'épaisseur à mes propos, dont je reste néanmoins la seule responsable.

Un très grand merci à tous ces « autres » qui ont ainsi accompagné cette aventure et qui m'ont aidée à croire, surtout quand je me sentais au fond du gouffre, que « c'est maintenant le moment favorable ».

Table

DU MÊME AUTEUR

Direction d'ouvrages collectifs

Notre mode de vie est-il durable ? Nouvel horizon de la responsabilité, Justice et Paix, France-Karthala, 2006.

Mobilité durable, Justice et Paix, 2007.

L'interculturel, un défi pour les instituts religieux, Justice et Paix, 2008.

Oser un nouveau développement. Au-delà de la croissance et la décroissance, Justice et Paix, Bayard, 2010.

Composition Nord Compo
Impression CPI Bussière en janvier 2011
à Saint-Amand-Montrond (Cher)
Editions Albin Michel
22, rue Huyghens, 75014 Paris
www.albin-michel.fr

ISBN 978-2-226- 21925-1
N° d'édition : 18922/01. – N° d'impression : 103700/1.
Dépôt légal : février 2011.
Imprimé en France.